연세 한국어 5-2

연세대학교 한국어학당 편

연세대학교 대학출판문화원

연세 한국어 **5-2**

편저자 연세대학교 한국어학당 교재편찬위원회
집필진 황인교·곽지영·박경희·서명숙
윤정화·황윤경·이지연·조하민
발행 연세대학교 대학출판문화원

주소 서울시 서대문구 연세로 50
전화 2123-3380~2
팩스 2123-8673
ysup@yonsei.ac.kr
http://www.yonsei.ac.kr/press
등록 1955년 10월 13일 제9-60호
인쇄 동국문화(주)
삽화 디투웍스
녹음 (주)반도음반
성우 곽윤상·윤미나·전광주·홍소영

2013년 3월 5일 1판 1쇄 2021년 6월 18일 1판 7쇄
ISBN 978-89-97578-96-2(08710)
ISBN 978-89-97578-94-8(08710)(세트)

값 20,000원 (CD포함)

머리말

국내 최고의 명성으로 한국어 교육의 50년 전통을 이어 온 연세대학교 언어연구교육원 한국어학당에서는 한국어 교육의 질을 높이기 위해 그 동안 많은 교재를 편찬해 왔다. 최근 한국과 한국 문화에 대한 세계인들의 관심이 높아지고 한국어를 배우고자 하는 해외동포와 외국인이 늘면서 한국어 교재에 대한 학습자들의 요구도 다양해졌다. 이에 따라 연세대학교 언어연구교육원 한국어학당에서는 다양한 학습자들을 대상으로 한국어와 한국 문화를 교육할 수 있는 새로운 교재를 출간하게 되었다.

연세대학교 언어연구교육원 한국어학당에서 출간하는 이 교재는 한국어 초급 학습자를 위한 '연세 한국어 1'과 '연세 한국어 2', 중급 학습자를 위한 '연세 한국어 3'과 '연세 한국어 4', 고급 학습자를 위한 '연세 한국어 5'와 '연세 한국어 6'의 총 6권으로 되어 있다. 각 교재는 학습자들의 한국어 능력에 따라 필요한 여러 가지 유형의 의사소통 기능을 집중적으로 향상시킬 수 있도록 구성되었다.

'연세 한국어'는 한국어 학습 단계별로 요구되는 내용을 주제로 대화가 구성되었으며 어휘와 문법에 대한 집중적인 연습뿐만 아니라 말하기, 듣기, 쓰기, 읽기 능력을 균형 있게 향상시킬 수 있도록 다양한 과제와 활동으로 구성된 통합형 교재이다. 또한 학습자들이 흥미를 가질 수 있는 주제와 장면을 기초로 여러 가지 의사소통 기능을 수행하면서 학습자가 중심이 되어 한국어를 배우고 익힐 수 있도록 배려하였다.

'연세 한국어'가 연세대학교 언어연구교육원 한국어학당에서 공부하는 학생들뿐만 아니라 한국어를 정확하게 이해하고 구사하려는 모든 한국어 학습자들에게 도움이 되기를 바란다.

연세대학교 언어연구교육원
한국어학당 교재편찬위원회

일러두기

- '연세 한국어 5'는 한국어를 배우려는 외국인과 교포 성인 학습자들을 위한 고급 단계의 책으로 총 10개의 과로 이루어져 있으며, 각 과는 3개의 항으로 이루어져 있다. '연세 한국어 5'는 고급 수준의 한국어 숙달도를 지닌 학습자가 꼭 알아야 할 주제를 중심으로 구성되었으며 이와 함께 필수적인 어휘와 문법, 문화를 소개함으로써 한국어 능력을 향상시키고 아울러 한국에 대한 이해를 넓히고자 하였다.

- 각 과의 앞에는 해당 과의 제목 아래에, 각 항의 제목과 과제, 어휘, 문법, 문화를 제시하여 각 과에서 다룰 내용을 한 눈에 알아보기 쉽게 하였다. 그리고 매 과의 마지막 항은 복습 항으로 그 과에서 다룬 내용을 종합적으로 복습할 수 있도록 하였다. 문화 부분은 각 과의 주제와 관련된 내용을 선정하여 다루었다.

- 각 과의 제목은 주제에 해당하는 명사로 제시하였으며, 각 항의 제목도 소주제에 해당하는 명사로 제시하였다.

- 각 항은 제목, 학습 목표, 사진과 질문, 시각 자료와 질문, 본문 대화와 질문, 어휘, 문법, 과제의 순서로 구성되어 있다.

- 학습 목표에는 학습자들이 학습해야 할 의사소통적 과제와 어휘, 문법을 제시하였다.

- 사진과 질문은 1단계 도입으로 학습자를 본문 대화의 상황으로 자연스럽게 끌어들일 수 있도록 본문 대화의 상황을 쉽게 연상시킬 수 있는 사진과 함께 관련 질문을 제시하였다.

- 시각 자료와 질문은 강화된 도입 단계로 학습자가 주제에 대한 흥미와 호기심을 가질 수 있도록 그래프, 기사 제목, 사진이나 그림 등의 다양한 시각 자료와 함께 질문을 제시하였다.

- 본문 대화는 각 과의 주제와 관련된 가장 전형적이고 대표적인 대화 상황을 8명의 주요 인물 중심으로 설정하였고 필요한 경우 기타 인물도 설정하였다. 본문 대화는 보통 3~4개의 대화 쌍으로 구성하였으며 내용 이해 질문과 대화의 내용과 관련된 말하기 짝활동을 포함시켰다. 본문에 나오는 새 어휘는 대화 아래에 따로 제시하였다.

- 어휘는 각 과의 주제와 관련된 어휘 목록을 선정하여 그 의미나 쓰임새에 따라 범주화 하여 제시하였고 담화 맥락 속에서 연습이 이루어지도록 하였으며 마지막으로 연습한 어휘를 학습자가 직접 사용해 볼 수 있게 하는 활동을 포함시켰다.

- 문법은 각 과에서 다루어야 할 핵심 문법 사항을 각 항마다 2개씩 추출하여 담화 맥락 속에서 문법이 유기적으로 연결되어 나타나는 모범 예시문을 통해 제시하였다. 두 개의 문법을 각각 연습한 후에는 두 문법을 연결하여 사용해서 담화 차원의 생산을 유도하는 활동을 포함시켰다.

- 과제는 학습 목표에서 제시한 의사소통 기능에 부합되는 것으로 각 항마다 2개를 제시하였으며 주제 관련 통합 과제로서 듣기나 읽기로 시작하여 말하기나 쓰기로 마무리하도록 구성하였다.

- 각 과의 마지막 부분에는 문화와 문법 설명을 제시하였다.

- 문화는 각 과의 주제와 관련된 한국 문화를 선정하여 정보나 지식을 설명하는 방식으로 기술하였다. 아울러 학습자로 하여금 자국의 문화와 비교, 분석해 보게 하는 등 비교문화적인 관점을 바탕으로 언어 학습 활동과 연계하도록 구성하여 그 내용이 문화적 지식에 그치지 않고 한국어 능력과 통합적으로 학습될 수 있도록 하였다.

- 문법 설명은 각 과에서 다루는 문법에 대한 설명과 함께 각각 4개의 예문을 제시하였다.

- 색인에서는 각 과에서 다룬 문법과 어휘를 가나다 순으로 정리하였으며 해당 본문의 과와 항을 함께 제시하였다.

차례

5-1

5-2

내용 구성

	제목	소제목	과제	어휘	문법	문화
01	언어와 생활	한국어 배우기	학습 경험에 대한 인터뷰 기사 쓰기	한국어 학습	-을 거라고는 생각조차 못했다	한국어의 호칭이나 경어법을 결정하는 요인
			학습 방법 조언하기		-을수록 -어지고는 있지만	
		어렵고도 쉬운 한국말	적절한 높임말 사용하기	등급에 따른 호칭	-오/ -소/ -구려 (하오체)	
			모국어와 한국어의 호칭 비교하여 설명하기		-네/ -나?/ -게/ -세 (하게체)	
02	직업과 직장	직업관	가치관과 직업에 대해 조사하여 발표하기	적성, 성격, 가치관	-음에도 불구하고	직업 풍속도
			기업이 원하는 인재상 발표하기		-도 -거니와	
		직장 내에서	사내 공고문을 읽고 아이디어 제시하기	직장 부서와 업무	-에다가 -까지	
			직장 생활의 어려움에 대해 조언하기		-을 때 -어야 -지	
03	일상 생활과 여가 문화	한국인의 현대 일상생활	현대 일상 문화의 가치에 대해 토의하기	현대인의 식생활	-긴 -나 보다	옛날의 공휴일
			한국인의 일상 문화 분석하기		-길래	
		현대인의 여가 문화	올바른 여가 문화에 대해 토론하기	여가	-기는커녕	
			여가 및 기타 주제에 대해 설문 조사하기		-을뿐더러	
04	과학과 기술	인터넷과 인간	인터넷 기사에 댓글 달기	인터넷	-데요	정보화 시대의 문자 -한글-
			대담 듣고 사이버 공간에 대해 설명하기		-더라고요	
		과학과 미래	과학과 기술의 발달과 그 영향에 대한 기사 쓰기	과학, 의학	-되	
			첨단 과학 시대의 가치관에 대해 토론하기		-는 한	
05	생활과 경제	소비 생활	소비 성향에 대한 설문 조사 결과 발표하기	현대인의 소비 생활	-어서 -을래야 -을 수가 없다	개성상인
			합리적인 소비에 대해 조언하기		-을까 말까 생각 중이다	
		개인 경제 활동	여러 가지 재테크 방법에 대해 발표하기	재테크	-는다고	
			바람직한 경제생활에 대한 편지글 쓰기		-더라도	

	제목	소제목	과제	어휘	문법	문화
06	대중 문화와 예술	한국의 대중문화	대중문화 현상에 대해 발표하기	대중 예술	-는다고도 할 수 있다	고려청자
			각 나라 영상 문화의 특징을 비교하여 발표하기		-는 듯싶다	
		한국의 전통 예술	국악의 대중화에 대해 토의하기	전통 예술	-으니 어쩌니 해도/ -이니 뭐니 해도	
			한국 풍속화에 대해 설명하기		-은들 -겠어요?	
07	전통과 변화	가족의 변화	가족 형태에 대해 토의하기	가족의 형태와 그 변화	-는다기보다는	3년상과 49재
			가족의 변화로 인한 사회 현상에 대해 토론하기		-자니 -고 -자니 -고 해서	
		한국의 의례	현대 결혼식 풍속에 대해 발표하기	관혼상제	-같아선	
			통과 의례의 의의에 대해 토의하기		-을 것 까지는 없겠지만	
08	삶과 배움	한국인의 교육관	바람직한 교육에 대해 글쓰기	한국의 교육 제도	-으랴 -으랴	배움과 선비
			체벌에 대해 토론하기		-다 보니 그로 인해	
		평생 학습	평생 학습 프로그램에 대해 조사하여 발표하기	평생 교육	-는 만큼	
			평생 학습 계획에 대해 발표하기		-지 않고서는	
09	자연과 환경	인간과 자연	볼 만한 자연 소개하기	자연	-으리라 생각하던/ 이야기하던/말하던	한국의 땅 -한반도-
			멸종 위기의 생물에 대하여 조사 발표하기		-을 수 없으리만치	
		환경 보호	대담 듣고 환경 보호의 사례 발표하기	환경 파괴와 보호	-을 줄만 알았지	
			환경 문제의 해결책에 대해 토론하기		-을 게 아니라	
10	개인과 공동체	이웃과 나	봉사와 기부에 대한 표어 쓰기	봉사	-다시피 하다	진정한 부자 -경주 최 부잣집-
			봉사와 기부에 대한 설문 조사 결과 설명하기		-이라도 -을까 보다	
		세계 속의 나	국제 봉사의 방법에 대해 발표하기	국제기구와 그 활동	-을 통해	
			바람직한 세계화의 실천 방안에 대해 글쓰기		-음으로써	

제6과 대중문화와 예술

01

제목 | 한국의 대중문화
과제 | 대중문화 현상에 대해 발표하기
각 나라 영상 문화의 특징을 비교하여 발표하기
어휘 | 대중 예술
문법 | -는 듯싶다, -는다고도 할 수 있다

02

제목 | 한국의 전통예술
과제 | 국악의 대중화에 대해 토의하기
한국 풍속화에 대해 설명하기
어휘 | 전통예술
문법 | -은들 -겠어요?, -으니 어쩌니 해도 / -이니 뭐니해도

03

정리해 봅시다

- 문화
고려청자

01 한국의 대중문화

학습 목표 ● 과제 대중문화 현상에 대해 발표하기, 각 나라 영상 문화의 특징을 비교하여 발표하기
● 문법 -는 듯싶다, -는다고도 할 수있다 ● 어휘 대중 예술

최근 인기를 끌고 있는 작품은 무엇입니까?

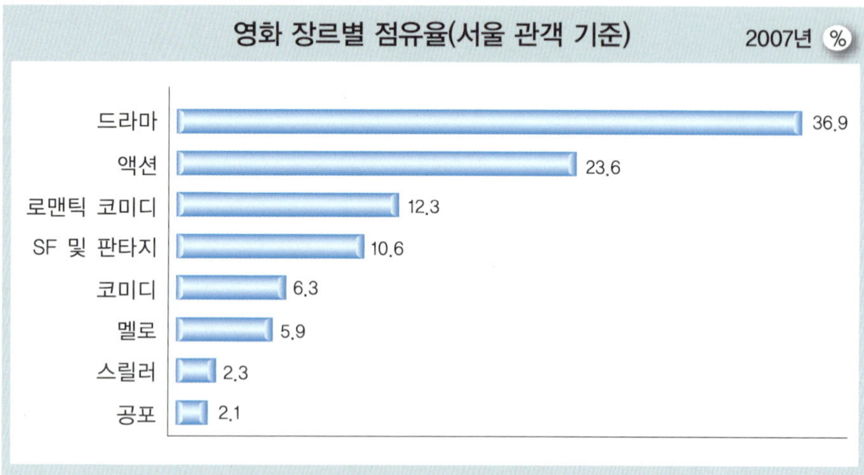

위 도표는 관객이 좋아하는 영화의 장르를 조사한 자료입니다. 여러분은 주로 어떤 장르의 영화를 봅니까?

대화

CD1:01~02

민철 어제 부산국제영화제에 다녀오셨다면서요?

제임스 네. 오랜만에 여러 나라의 다양한 영화를 접하고 왔어요. 참여국이나 출품된 작품들의 수준으로 봤을 때 이제 부산영화제는 세계 영화제로 자리 잡은 듯싶어요.

민철 최근의 영화를 두루 관람하고 오셨다니 부럽네요. 뭐 눈길을 끌 만큼 특징적인 것이라도 있었나요?

제임스 한마디로 최근의 경향은 전통의 현대화라고도 할 수 있을 것 같아요. 흥미로운 소재는 시대와 장르를 넘나들며 색다르게 다루어지더라고요.

민철 맞아요. 소설 〈춘향전〉도 영화는 물론이고, 뮤지컬과 드라마로도 만들어졌지요. 역시 과거나 현재나 대중들의 사랑을 받는 소재는 변함없는 생명력을 지니고 있는 것 같아요.

제임스 네. 그래서 다음에는 현대 대중문화에서 발견할 수 있는 과거와 현재, 그리고 만화나 영화 등의 장르 간의 소통을 기획 기사로 써 볼까 합니다. 외국인들에게도 인기가 있는 〈난타〉도 사물놀이의 장단을 연극 무대에 올린 것 아니겠어요?

01 두 사람은 무엇에 대해 말하고 있습니까?

❶ 대중문화의 최근 경향 ❷ 대중문화의 생명력
❸ 부산 영화제의 성격 ❹ 대중문화의 정의

02 시대와 장르를 초월하여 다루어지는 작품으로 예를 든 것은 무엇입니까?

03 위 대화를 보기와 같이 이어서 이야기해 봅시다.

[보기] 민 철: 제임스씨도 역시 〈난타〉를 보셨군요. 여러 나라에서 온 관객들이 사물놀이의 장단에 맞춰 흥겨워하는 모습을 보니 참 신나더라고요.
제임스: 네. 대사 한마디 없어도 관객 모두가 하나가 되어 신나게 즐길 수 있는 공연이더군요.

자리 잡다 눈길을 끌다 흥미롭다 장르 넘나들다 색다르다 다루다 생명력 지니다

어휘 대중 예술

01 다음 표현을 익히고 빈칸에 알맞은 말을 골라 쓰십시오.

기획 각색 제작 방송 연출 공연 상연 감독	시청자 관객 청중 방청객 독자

오늘 내가 좋아하는 가수가 오랜만에 콘서트를 했다. 그녀의 노래는 TV드라마의 주제가로도 사용되었다. 드라마를 봤던 (   )의 반응이 뜨거워서 그녀의 노래가 한층 더 인기를 끌고 있다. 그래서 그런지 드라마가 방영된 방송사에서 그녀의 공연을 (   ) 하고 드라마 프로듀서가 (   )을/를 했다. 방송사가 직접 나서서 콘서트에도 관여하는 걸 보니 성공한 드라마의 영향력이 크긴 큰가 보다. 노래는 물론이고 쇼의 내용이 매우 다채롭고 풍성하여 콘서트장의 모든 (   )이/가 공연 내내 환호하며 즐겼다.

02 위 표현을 사용해 보기와 같이 다음의 공연물을 소개해 봅시다.

[보기] 드라마 〈대장금〉이 뮤지컬로 공연된다. 제작은 MBC 문화방송이 하고 극본은 드라마 각본가인 오은희 씨가 썼다. 연출은 한진섭 씨가 담당하였다. 공연 장소는 예술의 전당 오페라극장인데 5월 26일부터 상연될 예정이다.

문법

01 다음 글을 읽고 문법 및 표현을 익혀봅시다.

최근에 영화로 제작되어 상영된 〈황진이〉는 영화 외에도 드라마, 뮤지컬, 소설 등 여러 장르를 통해 다양한 각도에서 재조명되고 있습니다. 조선 시대 기생이 현대에 와서 춤꾼으로, 시인으로, 한학자로 다채롭게 재탄생되고 있는 것입니다. 이를 통해서도 알 수 있듯이 조선시대 기생은 종합 **예술인이라고도 할 수 있겠습니다.** 종합 예술인으로서의 면모를 드라마나 영화를 통해서 접하다 보니 대중이 더 흥미롭게 황진이라는 인물에게 **다가갈 수 있는 듯싶습니다.**

–는다고도 할 수 있다

1) 빈 곳에 알맞게 쓰십시오.

가 그 드라마가 인기가 있는 이유가 뭘까요?
나 주인공의 첫사랑이 애절해서 그런 거 아니에요?
다 주인공이 스타이기 때문에 인기가 있다고도 할 수 있어요.

가 한류 열풍을 몰고 온 작품으로 뭐가 있을까?
나 〈겨울연가〉가 대표적인 작품 아니에요?
다 ________________ 는다고도/ㄴ다고도/다고도/이라고도/라고도 할 수 있죠.

가 요즘 학생들은 만화를 많이 보더라고요.
나 직장인들도 많이들 보던데요.
다 이제 만화는 ________________ 는다고도/ㄴ다고도/다고도/이라고도/라고도 할 수 있어요.

가 요즘 연예인이 되고 싶어 하는 사람들이 왜 이리 많을까?
나 ________________ 는다고/ㄴ다고/다고/이라고/라고 할 수 있어요.
다 ________________ 는다고도/ㄴ다고도/다고도/이라고도/라고도할 수 있어요.

가 그 영화가 세계적인 영화제에서 상을 많이 받은 이유가 뭐라고 생각해요?
나 ________________ 는다고/ㄴ다고/다고/이라고/라고 할 수 있어요.
다 ________________ 는다고도/ㄴ다고도/다고도/이라고도/라고도 할 수 있어요.

-는 듯싶다

2) 빈 곳에 알맞게 쓰십시오.

가 대중가요는 왜 쉽게 사람들이 따라 부르는 걸까요?
나 글쎄요. 아무래도 가사와 멜로디가 쉬워서 금방 따라 부르는 듯싶어요.

가 요즘 아이들 키우느라 힘드시죠?
나 아휴, 말로는 다 못할 정도죠. ______________ 는/은/ㄴ/을/ㄹ 듯싶어요.

가 그 배우는 요즘 활동을 중단했다면서요?
나 ______________ 는/은/ㄴ/을/ㄹ 듯싶어요.

가 가을은 독서의 계절이라는데, 이렇게 책이 안 팔려서야 원.
나 ______________ 는/은/ㄴ/을/ㄹ 듯싶어요.

가 어제 영화 봤다면서? 그래, 소문대로 재미있던가?
나 ______________ 는/은/ㄴ/을/ㄹ 듯싶어요.

02 다음 표를 채우고 '-는 듯싶다', '-는다고도 할 수 있다'를 사용해 보기와 같이 이야기합시다.

대중문화 현상	평가 1	평가 2
만화가 원작인 영화의 인기	탄탄한 줄거리	생생한 캐릭터
복고풍 패션의 유행	과거에 대한 향수	신기한 구경거리
여자 주인공의 중성화	성 정체성의 파괴	새로운 여성상에 대한 호기심

[보기] 올해 영화계는 만화를 원작으로 하는 작품이 관객에게 더욱 흥미를 끄는 듯싶다. 만화를 원작으로 하고 있는 영화가 인기를 끌고 있는 것은 탄탄한 줄거리가 있어서라고도 할 수 있고 생생한 캐릭터 때문이라고도 할 수 있다.

과제 1 읽고 말하기

다음 글을 읽고 질문에 답하십시오.

아침에 일어나면 TV에선 '김태희'가 모델로 나선 휴대 전화 광고가 나온다. 출근길에 '이나영' 포스터가 붙어 있는 화장품 가게를 지난다. 점심 때는 한 스타가 자주 간다는 음식점으로 손을 이끄는 동료를 따라 그 음식점으로 향하고 퇴근 후 직장인들이 향하는 헬스 센터에는 "당신도 2개월만 하면 몸짱 '차승원', '이효리'처럼 된다"는 구호가 붙어 있다.

예비 신인을 발굴하는 오디션장. 수 많은 젊은이가 주위를 아랑곳하지 않고 연기 연습, 노래 연습에 한창이다. 오디션을 잘 보지 못한 여학생은 길거리에서 대성통곡을 한다.

방송사 화장실에서 여고생들이 우르르 몰려나온다. 학교에 갈 시간인데 왜 방송사 화장실에서 나오는 걸까? 한 케이블 음악 채널에 좋아하는 스타가 출연한다는 것을 알고 먼 발치에서나마 스타를 보기 위해 방송사 화장실에 숨어 있었던 것이다. 결석도 몇 시간째, 화장실 냄새를 맡는 것도 그들에겐 문제가 되지 않는다.

연예인 예비 자원을 발굴하고 교육, 훈련해 연예계에 데뷔시킨 뒤 스타로 키워 유통시키는 스타 시스템은 더욱 더 정교하게 이윤을 추구하는 방향으로 산업화했고 연예인과 관련된 대중 매체가 급증했다. 그리고 스타를 소비하는 팬들의 연예인에 대한 인식도, 연예인의 지위도 크게 변했다.

연극 영화, 신문 방송, 음악 관련 학과가 130여 개 대학에 신설돼 한 해에만 1만여 명을 배출하고 있고 연기 학원이나 음악 학원은 내일의 '보아'와 '문근영'을 꿈꾸는 청소년으로 넘쳐난다. 연예인 등용문 구실을 하는 기획사나 영화사의 오디션 경쟁률은 1000대 1을 가볍게 뛰어넘는다. 이제 '연예인 고시'라는 단어가 생소하지 않을 정도다.

이뿐인가. 1000여 개에 이르는 전국 미인 대회 참가자들 가운데 상당수가 연예인을 꿈꾼다. '길거리에서 캐스팅되지 않을까'하는 소박한 바람으로 예비 스타 스카우터들이 출몰하는 거리에는 오늘도 수많은 청소년이 배회하고 있다. 연예인 취재 현장에서 종종 "어떻게 하면 자녀를 연예계에 데뷔시킬 수 있느냐"고 물어오는 부모들을 만난다. '딴따라'가 되겠다는 자식을 책망하던 부모의 자리는 연예인 자녀를 둔 것을 영광으로 생각하는 부모가 대신하게 됐다.

이끌다 발굴하다 아랑곳하다 대성통곡 발치 유통시키다 정교하다 배출하다 등용문 고시 생소하다 소박하다 출몰하다 배회하다 딴따라 책망하다

01 위 글에서 말하고자 하는 중심 내용을 정리해 보십시오.

❶ 스타 시스템의 ....

❷ 대중매체의 ....

❸ 연예인에 대한 ....

02 위 글처럼 생활 속에 대중 스타가 자리 잡고 있음을 언제 실감하는지 이야기해 봅시다.

03 변화된 현재의 현상들로 언급된 예를 위 글에서 찾아 써 봅시다.

변화된 현상	예
대학 내 연기과의 급증	대학에 연극 관련 학과 올 해만 130개 신설
연기 학원과 음악 학원의 수강생 증가	
높아진 오디션 경쟁률	
연예인 등용문으로 변화된 미인 대회	
연예인에 대한 부모의 인식 변화	

04 위 3번의 예를 여러분 나라에서도 볼 수 있습니까?

05 위 현상이 나타나는 원인에 대해 자신의 의견을 이야기해 봅시다.

과제 2 듣고 말하기 [CD2:03]

다음은 한국과 미국 그리고 일본의 드라마의 특성에 대한 강연입니다. 듣고 질문에 답하십시오.

01 다음의 표를 완성하십시오.

	특성	대중이 선호하는 장면
한국 드라마	□□와/과 불치병	□□□ 장면
미국 드라마	□□이/가 발생	재난과 문제 해결의 장면
일본 드라마	직장 내 주인공의 □□	잔잔한 □□을/를 다룬 장면

02 여러분이 본 한국 · 미국 · 일본 드라마에는 위의 특성이 나타나고 있습니까?
위와 같은 특성이 나타나는 드라마를 예를 들어 이야기해 봅시다.

03 다른 나라의 영상 문화에 나타나는 특성에 대해 이야기해 봅시다.

위안 대사 정체성 공감하다 급작스럽다 들이닥치다 감정 대립 잔잔하다

02 한국의 전통 예술

학습 목표
- 과제 국악의 대중화에 대해 토의하기, 한국 풍속화에 대해 설명하기
- 문법 -은들 -겠어요?, -으니 어쩌니 해도 / -이니 뭐니 해도
- 어휘 전통 예술

위 두 공연은 어떻게 다릅니까?

한국의 전통 예술 작품을 감상해 본 적이 있습니까?

대화

CD2:04~05

영수　한국 전통 무용을 관람한 소감이 어때요? 리에 씨 나라의 춤과는 좀 다르지요?

리에　그렇네요. 우리나라랑 가까워서 비슷할 거라고 생각했는데, 많이 다르네요.

영수　저는 조금 전에 본 태평무를 가장 좋아하는데, 리에 씨는 어땠어요?

리에　좀 느린 듯하면서도 동작이 크고 우아해서 한복의 곡선미와 잘 어우러진 느낌이었어요. 시간과 공간에 걸친 여백의 미랄까? 하지만 저는 태평무보다 사물놀이가 더 마음에 들던데요.

영수　아, 사물놀이요? 관객들도 같이 어깨를 들썩거리면서 즐길 수 있어서 좋았지요.

리에　네. 정말 인상적이었어요. 장구나 꽹과리를 빠르게 치는 신명 나는 몸짓이 한국 전통 예술의 역동적인 면을 보여주는 것 같더군요. 근데, 이번 사물놀이 연주자들은 개량 한복을 입고 나왔던데요.

영수　요즘은 전통 예술도 옛것만 고집하지 않고 현대화하거나 대중화하려는 노력을 많이 해요. 사실 대중에게 다가서지 못한다면 전통을 고수한들 무슨 의미가 있겠어요?

리에　저는 옛날 그대로의 모습이 더 좋아요. 대중화나 현대화가 중요하니 어쩌니 해도, 있던 그대로의 전통을 보존하는 것이 더 중요하다는 생각이 들기도 하고요.

01 영수 씨와 리에 씨는 무엇을 보았습니까? 모두 고르십시오.

❶ 도자기　❷ 사물놀이　❸ 현대화 된 전통 춤　❹ 태평무

02 위 두 공연을 관람한 리에 씨의 소감은 어땠습니까?

03 위 대화를 보기와 같이 이어서 '전통의 보존과 현대화'에 대해 이야기해 봅시다.

[보기] 영수 : 보존도 중요하겠지만, 어려워서 하품이나 하고 있는 것보다는 우리 것을 모두가 즐길 수 있는 것도 의미 있는 일이라고 생각해요.

리에 : 하지만 그렇게 되면 우리는 조상이 물려주신 그대로의 모습을 차차 잃어 가겠지요. 그러다 보면 원래의 모습이 사라질까 봐 걱정이 되네요.

태평무　곡선미　어우러지다　여백　들썩거리다　신명 나다　역동적이다　개량　대중화　다가서다　보존하다

어휘 전통 예술

01 다음 표현을 익히고 질문에 답하십시오.

음악	 풍물/농악	 판소리	 거문고/가야금	 사물
미술/공예	 청자	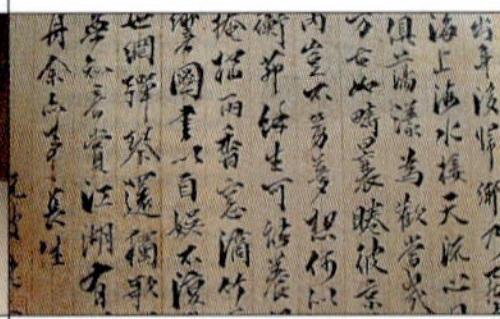 서예	 산수화	 풍속화
춤	 탈춤	 승무	 살풀이춤	 화관무

다음 어휘들을 관계있는 것끼리 연결하십시오. 하나에 여러 가지를 연결해도 좋습니다.

태평무 공연을 관람했다 •	• 흥겹다
사물놀이를 함께 즐겼다 •	• 익살스럽다
봉산 탈춤을 배워보았다 •	• 동적이다
정선의 산수화를 감상했다 •	• 정적이다
김홍도의 풍속화를 보았다 •	• 해학적이다
박물관에서 청자를 보았다 •	• 우아하다
질그릇을 직접 만들었다 •	• 수수하다
농악 한마당에 가 보았다 •	• 투박하다

02 여러분도 한국의 전통 예술을 감상한 적이 있습니까? 위의 어휘를 사용해 감상을 써 봅시다.

문법

01 다음 글을 읽고 문법 및 표현을 익혀 봅시다.

오늘은 친구와 국악 공연장에 다녀왔어요. 공연장 안에 들어갔을 때 저는 드럼과 키보드, 그리고 전자 기타가 있는 무대를 보고 놀랐어요. 무슨 가수 콘서트장 같았다고나 할까? 국악의 냄새는 전혀 나지 않았어요. 공연에 사용된 악기는 대부분 국악기였지만 관객들은 가수 콘서트에 온 사람들인 양 춤을 추며 신나게 공연을 즐기더군요. 친구는 **전통 보존이니 뭐니 해도** 역시 음악은 같이 즐길 수 있어야 되지 않겠냐고 하더라고요. 하지만 그걸 보는 순간 저는 아무리 국악기를 가지고 **연주한들** 그걸 전통 음악이라고 할 수 있을까 하는 생각이 들었어요.

-으니 어쩌니 해도 / -이니 뭐니 해도

1) 다음을 연결하고 보기와 같이 이야기해 봅시다.

현대화가 중요하다 •	• 우리 정서에 안 맞으면 소용이 없지요.
요즘 정교하게 잘 만든다 •	• 필요하지 않은 걸 살 필요는 없잖아요.
세계적인 작품이다 •	• 국악을 연주할 때는 한복을 입어야 제맛이 나지.
자유가 중요하다 •	• 진짜 고려청자만 하겠어?
인기 상품이다 •	• 먼저 책임과 의무를 다해야지요.

[보기] 아무리 현대화가 중요하니 어쩌니 해도 국악을 연주할 때는 한복을 입어야 제맛이 나지.

-은들 -겠어요?

2) 빈 곳에 알맞게 쓰십시오.

1. 청바지를 입고서 하니까 아무리 연주를 잘 해도 전통의 맛이 나지 않는다.
   청바지를 입고서 하는데 아무리 연주를 잘한들 전통의 맛이 나겠어요?
2. 요즘 만든 거라서 흉내를 잘 내기는 했지만 진짜 고려청자만 못하다.
   ______________________________ 겠어요?
3. 우리 음악이니까 배운 적이 없다고는 해도 전혀 따라하기 어렵지는 않을 것이다.
   ______________________________ 겠어요?
4. 부모님의 말씀도 듣지 않는 아이니까 제가 이야기를 해도 안 들을 거예요.
   ______________________________ 겠어요?
5. 한 시간 밖에 안 남았으니 지금부터 준비하더라도 제대로 할 수 없는 게 당연하다.
   ______________________________ 겠어요?

02 다음 표에 정리하고 '-은들', '-으니 어쩌니 해도/-이니 뭐니 해도'를 사용해 보기와 같이 쓰고 이야기해 봅시다.

상황	다른 사람들의 의견	문제점 지적	자기 의견
젊은이들에게 전통 예술은 생소하다.	그래도 전통이니까 있는 그대로의 모습을 지켜야 한다.	있는 그대로를 지키면 결국 아무도 보지 않을 것이다.	전통 예술을 현대화, 대중화시켜서 젊은이들도 즐길 수 있게 해야 한다.
요즘 아이들은 어른들의 말을 듣지 않는다.	말을 듣지 않는 아이들은 매를 드는 것이 효과적이다.		말을 듣지 않는다고 매를 댈 것이 아니라 알아듣도록 잘 타일러야 한다.
부모님께서 남자 친구와의 결혼을 허락해 주지 않는다.	결혼은 본인의 사랑이 중요하니까 허락을 안 받아도 된다.		
자녀가 성형 수술을 하게 해달라고 한다.	외모가 중요하니까 수술을 하게 해 주라고 한다.	수술을 한다고 해도 자기 외모에 만족할 수 없을 것이다.	

[보기] 전통 예술을 생소하게 생각하는 젊은이들이 많다. 어떤 이들은 그래도 전통이니 있는 그대로의 모습을 지켜야 한다고 한다. 하지만 있는 그대로의 모습을 지킨들 누가 그것을 보겠는가? 아무리 전통이니 뭐니 해도 전통 예술을 현대화, 대중화시켜서 젊은이들도 즐길 수 있게 해야 한다.

과제 1 읽고 말하기

다음 글을 읽고 질문에 답하십시오.

시민들은 국악에 대해서 어떻게 생각할까? 시민들이 국악에 대해 느끼는 호감도에 비해 국악을 감상하고 즐길 수 있는 정보나 환경은 그에 턱없이 못 미치는 모양이다. 세계일보 2007년 8월 20일자의 기사에 나온 '국악 인식도' 설문 조사 결과에서 '국악이 소중하다'는 사람이 97% 이상이고 국악에 호감을 갖고 있는 사람이 절반 이상인 것으로 볼 때, 시민들의 국악에 대한 호감도는 상당히 높다고 볼 수 있다.

하지만, 이러한 호감도와는 반대로 국악 공연장을 찾는 관객이 극히 소수에 한정되어 있다는 사실은 모순이다. 조사 대상 중 90% 이상이 국악 공연을 감상한 횟수가 3회 이하이고, 그중 반 이상이 한 번도 공연을 본 적이 없다는 결과는 국악에 대한 인식과 행동의 괴리가 크다는 사실을 보여준다.

이러한 차이는 어디에서 기인하는 것일까? 국악 공연의 품격과 유익성에 대해 높은 평가를 내린 시민들도 공연에 대한 정보를 얻기 쉬운가 하는 질문에 낮은 점수를 준 것은 많은 것을 시사한다. 국립국악원이 서울시 서초동에 위치하고 있다는 사실을 모르는 사람이 태반이다. 공연장도 모르는 사람이 공연을 감상하기를 기대할 수는 없을 것이다.

또한 정부의 국악 정책은 '전통 예술의 보존과 전승'이라는 측면에만 초점이 맞추어져 있지만 시민들은 '세계를 지향한 전통 예술의 보급'과 '창조적인 공연 개발'을 바라고 있다. 이러한 점에서 볼 때 국립 국악원의 업무와 정부의 국악 정책에 변화가 필요하며 시민들을 국악 공연장으로 잡아끌 수 있는 행정적 보완이 필요하다 하겠다.

01 위 글의 조사 결과 중 서로 모순된 결과는 무엇입니까 ?

02 위 글에서 제기된 문제와 해결 방법을 다음과 같이 정리하고 자신이 생각하는 다른 대안이 있다면 아래 표에 쓰고 이야기해 봅시다.

문제	해결 방법의 예	대안
공연 정보를 얻기 어렵다.	공연장의 위치를 모르는 사람이 많으므로 공연장의 위치에 대해 홍보해야 한다.	
정부의 국악 정책은 시민들의 바람과 거리가 있다.		

03 여러분 나라의 경우는 전통 예술 공연에 대한 호감도가 어떻습니까?

호감도 모순 괴리 기인하다 품격 유익성 시사하다 태반 전승 보급 행정적 보완

과제 2 듣고 말하기 [CD2:06]

다음 그림을 보면서 이야기를 듣고 질문에 답하십시오.

쓸리다 상투를 틀다 팔베개 씨름판 동그래지다 어금니 악물다
광대뼈 튀어나오다 각오 디디다 치켜들다 짚다

01 설명을 듣고 들은 내용을 다음 표에 정리해 봅시다.

(가)의 구경꾼	관찰한 모습 묘사	유추할 수 있는 사실
중년 아저씨	• 입을 헤 벌렸다. • .... •	씨름을 재미있게 보고 있다
옆의 총각	• 상투를 틀었다.	총각이 아니다. 장가를 갔다.
	•	요즘 고등학교 1~2학년 나이이다.
	•	씨름판이 시작된 지 오래되어 끝날 때가 다 됐다.

(나)의 씨름꾼	관찰한 모습 묘사	유추할 수 있는 사실
뒷사람	• 눈 .... • 눈썹 사이 .... • 발 .... • 오른손	뒷사람이 진다
앞사람	• 어금니 .... • 광대뼈 .... • 두 발 .... • 입술	앞사람이 이긴다

02 이 그림을 설명하는 사람은 두 씨름꾼이 어느 방향으로 자빠질 것으로 예상했습니까? 그렇게 예상한 근거는 무엇입니까?

03 다음 사람들을 살펴보고 이야기해 봅시다.

(다)에서 손으로 무릎을 안고 있는 사람

(다)에서 갓을 쓰고 부채로 얼굴을 가린 사람

(라)에서 엿을 팔고 있는 소년

04 다음 그림을 살펴보고 분석해 봅시다.

김홍도, 〈서당풍경〉

서당 훈장 학동 회초리를 맞다 고소하다 비웃다

신윤복, 〈월하정인도〉

달밤　　정인　　장옷　　자유연애　　금기

03 정리해 봅시다

I. 어휘

01 빈칸에 알맞은 말을 골라 쓰십시오.

눈길을 끌다　흥미롭다　보존하다　기획　어우러지다　개량하다　다가서다

1) 전통 한복을 입기 편하게 __________ 는/은/ㄴ 한복이 유행이다.
2) 잊혀져 가는 우리나라의 전통 예술을 __________ 기 위해 정부에서 인간문화재를 지정하여 지원하고 있다.
3) 판소리를 대중음악과 접합시키려는 이번 __________ 은/는 매우 독창적이었다.
4) 공연장이 아니라 성당에서 이루어진 록 밴드의 공연은 매우 __________ 었다/았다/였다.
5) 청바지 차림으로 가야금을 연주하는 모습은 사람들의 __________ 었다/았다/였다.
6) 전통 예술에 익숙하지 않은 사람들에게 적극적으로 __________ 기 위한 여러 시도가 이루어지고 있다.
7) 이번 자선 콘서트에서는 유명 가수들과 청중들이 하나로 __________ 어서/아서/여서 감동적인 공연을 만들어냈다.

02 빈칸에 알맞은 말을 골라 쓰십시오.

자리 잡다　다루다　생명력　신명 나다　역동적이다　대중화하다

오늘은 판소리 춘향가를 가지고 만든 퓨전 뮤지컬을 보고 왔다. 춤과 노래, 연기 등 여러 장르를 동시에 보여주는 이번 공연에서 많은 배우들이 한 동작으로 춤추며 노래하는 모습은 어깨가 들썩거릴 만큼 (　　　　　　)는/은/ㄴ 장면이었다. 이어서 힘찬 북소리와 함께 등장한 풍물 패의 공연은 (　　　　　　)을/ㄹ 뿐만 아니라 살아 숨쉬는 (　　　　　　) 을/를 느끼게 해 주었다. 처음으로 퓨전 뮤지컬을 접해 보면서 전통을 보존하는 것과 함께 적극적으로 (　　　　　　)으려는/려는 노력을 볼 수 있었다. 또한 전통적인 소재를 (　　　　　　)는/은/ㄴ 현대적 성격의 공연이 새로운 문화 장르로 (　　　　　　)었음/았음/였음을 느낄 수 있는 귀한 경험이었다.

03 다음 예술 장르에 어울리는 어휘들을 골라서 빈칸에 쓰고 보기와 같이 쓰십시오.

기획 각색 제작 방송 연출 공연 감독 시청자 관객 청중
방청객 흥겹다 익살스럽다 동적이다 정적이다 해학적이다 우아하다
수수하다 투박하다

전통 예술	판소리	공연, 청중, 익살스럽다, 해학적이다.
	탈춤	공연,
	도자기	
	산수화	

현대 대중예술	연극	
	영화	
	춤	
	콘서트	

[보기] 판소리 공연이 있다는 소식을 듣고 가 보니 공연장은 청중들로 가득했다.
공연은 때로는 익살스러웠고 때로는 해학적이기도 했다.

II. 문법

01 알맞은 표현과 문법을 골라 다음 대화를 완성하십시오.

김 선생의 집에서 메주를 띄워 직접 담가 먹는 것을 보고 놀란 최 선생에게 박 선생은 3대가 같이 살아서 할아버지, 할머니의 영향을 많이 받았고, 식구들이 그 장맛에 익숙해졌을 거라고 설명한다. 공장에서 잘 만들어도 어머님의 손맛을 따를 수 있겠냐는 박 선생의 말에 최 선생도 사 먹는 게 편해도 직접 만드는 것만 못할 거라며 공감한다.

최 선생　김 선생님 댁은 직접 메주를 띄우시데요!

박 선생　최 선생님도 보셨군요. 김 선생님 댁에서는 장을 모두 직접 담가서 드신대요.

최 선생　요즘도 장을 직접 담가 먹는 집이 있나요?

박 선생　그 댁은 3대가 같이 살아서 아무래도 ________________ ________________ 는/은/ㄴ/을/ㄹ 듯 싶어요.

최 선생　그래도 장 담그는 건 보통 번거로운 일이 아닐 텐데…. 건강 때문인가요?

박 선생　그렇기도 하지만 ________________ 는다고도/ㄴ다고도/다고도/이라고도/라고도 할 수 있겠지요. 아무리 ________________ ________________ 은들/ㄴ들 우리 어머님들의 손맛을 따를 수가 있겠어요?

최 선생　하긴 ________________ 니 어쩌니 해도 직접 담가 먹는 것만 하겠어요?

02 다음의 문장에서 틀린 곳을 찾아 바르게 고치시오.

1) 자기 방 청소도 안 하는데 집안 청소를 시킨들 깨끗하게 잘 치우겠지요?

____

2) 아무리 경험이 많니 어쩌니 해도 처음 하는 사람보다는 낫겠지요.

____

3) 김 박사님이 유명한 것은 뭐니 뭐니 해도 그분의 발명품이 인기가 있는 듯싶어요.

____

4) 이 회장의 사업이 성공한 것은 뛰어난 사업 수완 덕분이기도 하지만, 주변에 그를 도와주는 사람이 많았다고도 할 수 있다.

____

____

Ⅲ. 과제

다음 글을 읽고 질문에 답하십시오.

01 다음 글을 읽고 맞는 제목을 고르십시오.

전통 풍물놀이를 무대 음악으로 만든 사물놀이에 대해 상반된 의견이 있다. 옹호자들은 사물놀이가 전통 음악을 창조적으로 계승했음을 강조한다. 또한 무대에 앉아서 하는 공연을 선택한 것도 무대 공연에 익숙한 대중들에게 효과적으로 다가갈 수 있었다는 점에서 성공적이라고 본다. 그러나 비판론자들은 사물놀이가 마당에서 모두가 어울리는 풍물의 굿 정신을 잃어버림으로써 풍물 본래의 다양성과 생동성을 약화시켰다고 비판한다. 또한 창조적인 발전 없이 대중적 인기에 안주함으로써 위기를 맞을지 모른다고 경고한다.

① 사물놀이의 기원 ② 사물놀이의 역사 ③ 사물놀이의 기능 ④ 사물놀이의 평가

02 위 글의 내용에 따라 다음 글의 순서를 맞추십시오.

(가) 무대에서의 '앉은 공연'을 선택한 결단 또한 성공적이었다고 평가한다. 사물놀이는 무대 공연에 익숙한 대중들에게 효과적으로 다가설 수 있었다는 것이다. 그러한 변화로 사물놀이는 현대음악과 만날 수 있었고, 국내외 음악인들이나 오케스트라와의 거듭된 협연을 통해 사물놀이는 그 음악성을 널리 인정받을 수 있게 되었다.

(나) 그러나 한편으로는 사물놀이에 대한 비판적 관점도 제기되고 있다. 전통 풍물을 살리기 위한 노력이었다고 하지만, 사물놀이는 풍물의 굿 정신을 잃어버렸다는 비판을 받고 있다. 풍물은 흔히 '풍물 굿'이라고 하여 모두가 마당에서 함께 어울리는 가운데 신명 나는 소리를 펼쳐 내는 것인데, 리듬악기 연주가 된 사물놀이에서는 풍물놀이 본래의 다양성과 생동성을 찾아보기 어렵게 되었다는 것이다.

(다) 전통 예술의 현대화나 민족예술의 세계화와 관련하여 흔히 사물놀이를 모범적인 사례로 든다. 전통 풍물놀이 '농악'을 무대 연주음악으로 바꿔 놓은 사물놀이는 짧은 역사에도 불구하고 신명 나는 우리 전통음악을 세계에 전하고 있다. 그러나 사물놀이의 예술적 정체성 및 성과와 전망에 대해서는 시각이 엇갈리고 있다.

(라) 사물놀이는 창조적으로 발전하지 못하고 타성에 젖어 있다는 비판도 받는다. 많은 사물놀이 패가 생겨났지만, 새로운 발전 없이 대중적 인기와 초창기의 예술적 성과에 안주하고 있다는 것이다. 비판자들은 사물놀이가 지금처럼 대중의 일시적인 기호에 영합하는 방향으로 흘러갈 경우 머지않아 위기를 맞게 될지도 모른다고 경고하고 있다.

(마) 사물놀이의 옹호자들은 사물놀이가 풍물 같은 전통음악을 창조적으로 이어받았음을 강조한다. 풍물의 장단과 박자를 이어받고, 징 · 꽹과리 · 북 · 장구 네 가지 악기 소리의 절묘한 어울림을 통해 조화로운 소리를 새롭게 창조해냈다고 한다.

(다) ▶ (   ) ▶ (   ) ▶ (   ) ▶ (   )

03 '사물놀이'에 대해 여러분은 어떻게 생각하십니까? 왜 그렇게 생각하십니까?

문화

고려청자

고려청자는 흙을 빚고 유약을 발라 섭씨 1300도가 넘는 불에서 구워낸 자기이다. 이 청자의 빛깔을 내는 것이 1000년 전에는 고난도의 기술이었고, 청자를 처음 만든 중국에서도 9세기가 넘어서야 완벽한 청자를 만들어냈다.

청자의 색깔은 어디에서 온 것일까? 청자의 색깔은 흙 속에 들어 있는 미량의 철분이 산소와 결합하여 산화하는 과정에서 누런색을 거쳐 초록빛을 띠는 녹변 현상을 통해 만들어진다. 1350도를 24시간 유지시켜 줘야 녹변 현상을 일으킬 수 있으니 이는 대단히 어려운 기술이다.

청자를 버리고 곧 청백자의 길로 간 중국에 비해, 고려에서는 청동 그릇에 홈을 파고 은실을 밀어 넣어 무늬를 그린 '청동 은입사'나 나무에 조개껍데기를 박아 넣고 옻칠을 한 '나전칠기' 기법에서 영감을 얻어 상감청자를 만들어 냈다. 이 상감청자는 고려 시대에 이룩한 위대한 발명이다. 13세기 초부터는 고려청자의 90%가 상감청자로 만들어진다. 연꽃과 연꽃잎, 모란꽃, 국화꽃, 봉황, 학, 구름, 버드나무와 물새 등 고려 시대 사람들의 서정을 읽을 수 있는 다양한 무늬가 상감청자의 문양으로 나타난다. 상감청자의 최고 명품으로 손꼽히는 것은 '청자상감 운학문 매병'이다. 청자 매병을 푸른 하늘로 생각하고 거기에 새털구름과 학으로 가득 찬 모습을 문양으로 담은 것이다.

12세기 중엽 전북 부안 유천리 가마에서 상감청자가 제작되는데, 이후 고려 명품은 강진 용운리 · 사당리와 부안 유천리에서 만들어졌다.

그러나 모든 양식이 생성과 발전, 쇠퇴의 길을 걷듯이 고려청자도 14세기에 들어와 원나라의 간섭을 받는 동안 서서히 쇠락의 길을 걷게 된다. 실용성은 강화됐지만 형태가 무디고 둔중해지며, 빛깔은 탁해지고, 무늬도 소략해졌다. 특히 1350년 무렵 왜구가 쳐들어오자 고려 정부가 해안에서 50리 이내에 백성들이 살지 못하도록 하는데, 이때 강진과 부안의 가마가 문을 닫게 되면서 결국 청자를 만들던 도공들은 전국으로 다 흩어져 버리고 고려청자의 시대도 막을 내리게 되었다.

청자상감 운학문 매병

청자상감 모란문 표형병

청자상감 모란국화문 과형병

청자양각 죽절문 병

1. 청자는 어떻게 해서 푸른빛을 띠게 되었습니까?

2. 고려 시대에 이룩한 한국 고유의 청자는 무엇입니까?

3. 여러분의 나라에도 도자기와 같은 전통 예술품이 있습니까? 자기 나라의 전통 예술품에 대해 조사해서 발표해 봅시다.

문법 설명

01 -는/은/ㄴ/인 듯싶다

어떤 것에 대한 화자의 주관적인 판단이 개입된 짐작이나 추측을 나타낸다. '-는/은/ㄴ/인 것 같다'의 뜻이다.

- 대중문화는 상품화나 획일화라는 부정적인 측면도 갖고 있는 듯싶다.
- 주인공의 뛰어난 외모가 한류 드라마에 팬들이 몰리는 이유인 듯싶다.
- 최근 청소년들에게 가장 인기 있는 직업은 연예인인 듯싶다.
- 컴퓨터게임도 대중문화의 한 부분을 차지하고 있는 듯싶다.

02 -는다고도/ㄴ다고도/다고도/이라고도/라고도 할 수 있다

사실을 설명하는 데에 있어 우회적으로 말하는 표현이다. 단정적으로 말하지 않고 그렇지 않은 가능성을 열어두는 느낌이 있다.

- 한 나라의 대중문화는 그 나라에 대한 인상을 바꾸는 역할을 한다고도 할 수 있다.
- 내가 그를 좀 안다고도 할 수 있지.
- 이제 사흘 남았으니 이번 학기도 거의 끝난 것이라고도 할 수 있다.
- 저 정도면 괜찮은 그림이라고도 할 수 있다.

03 -은들/ㄴ들 -겠어요?

양보의 뜻으로 어떤 상황을 가정하여 인정한다고 하여도 그 결과가 예상과 다른 내용임을 나타낸다. 주로 '-은들/ㄴ들 -겠어요?'의 형태로 쓴다.

- 관객이 찾지 않으니 좋은 공연이라고 한들 무슨 소용이 있겠어요?
- 그렇게 항상 거짓말만 하고 다니니 콩으로 메주를 쑨다고 한들 믿겠어?
- 이렇게 빛은 안 나고 품만 드는 일을 누군들 하고 싶어서 하겠나?
- 잔소리 좀 그만하세요. 지금처럼 힘들 때 그런 말을 한들 귀에 들어오기나 하겠어요?

04 -으니/니 어쩌니 해도/이니 뭐니 해도

흔히 '-니 -니 하다'의 꼴로 쓰여 생각한 것을 나열하거나 이러고 저러고 이야기함을 나타낸다. 여기에서는 '아무리 N이니/니 뭐니 해도', '아무리 Vst으니/니 어쩌니 해도'의 형태로 쓰여 '사람들이 아무리 이런 저런 이야기를 하더라도 나는 이렇게 생각한다'는 의미를 나타낸다.

- 아무리 훈련이 힘드니 어쩌니 해도 그런 과정을 거치지 않으면 제대로 된 군인은 나올 수 없는 거야.
- 아무리 낡았니 어쩌니 해도 저에겐 어머님이 물려주신 이 재봉틀만큼 소중한 물건도 없어요.
- 아무리 명품이니 뭐니 해도 신주단지 모시듯 모셔두기만 할 거라면 안 사는 게 낫지.
- 저 애를 보면 불쌍해. 아무리 천재니 뭐니 해도 역시 애들은 뛰어놀면서 커야 되는데….

제7과 전통과 변화

01

제목 | 가족의 변화
과제 | 가족 형태에 대해 토의하기
가족의 변화로 인한 사회현상에 대해 토론하기
어휘 | 가족의 형태와 그 변화
문법 | -는다기보다는, -자니 -고 - 자니 -고 해서

02

제목 | 한국의 의례
과제 | 현대 결혼식 풍속에 대해 발표하기
통과 의례의 의의에 대해 토의하기
어휘 | 관혼상제
문법 | -같아선, -을 것 까지는 없겠지만

03

정리해 봅시다

- 문화
3년상과 49재

01 가족의 변화

학습 목표 ● 과제 가족 형태에 대해 토의하기, 가족의 변화로 인한 사회 현상에 대해 토론하기
● 문법 -는다기보다는, -자니 -고 -자니 -고 해서 ● 어휘 가족의 형태와 그 변화

여러분 나라의 가족 형태는 어떻습니까?

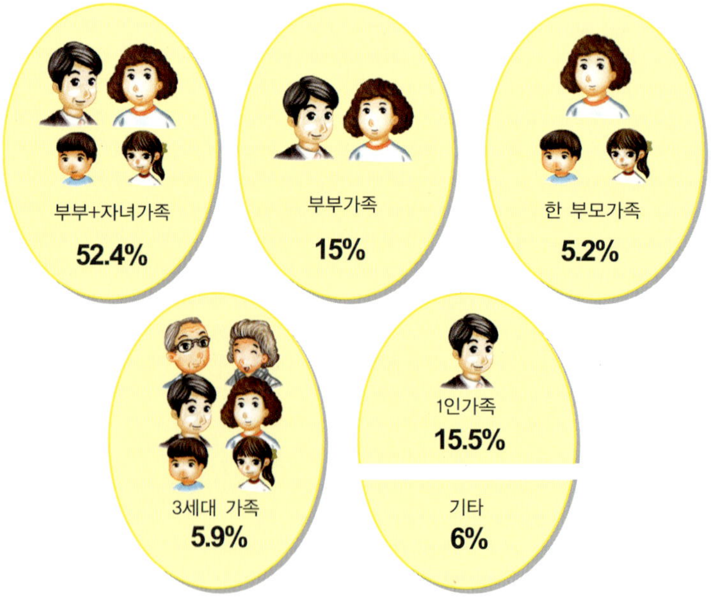

여러분은 어떤 가족 형태가 이상적이라고 생각합니까?

대화

CD2:07~08

웨이 정희 씨는 외동딸이고 집도 서울인데 왜 하숙집에서 살아요?

정희 직장이 멀어서요. 집에서 다니자니 출퇴근시간이 힘들고 가족 모두가 이사를 하자니 그것도 쉽지 않고 해서 저만 나와서 혼자 살아요. 왜요? 이상해요?

웨이 아니요. 이상하다기보다 한국은 성인이 되어도 결혼하기 전까지는 부모님이랑 같이 사는 게 일반적이라고 들어서요.

정희 하지만 요즘은 많이 달라졌어요. 결혼 전에 독립하는 사람도 많아요. 가족의 형태도 많이 달라진 것 같고요. 1인 가구도 가족의 한 형태로 인정해야 된다는 말이 나올 정도니까요.

웨이 그러고 보니 혼자 사는 젊은이들도 많긴 하네요. 한국도 명절 때는 보통 고향에서 가족끼리 모인다고 하던데 요즘에는 그렇지 않은 건가요? 요즘 같은 저출산 시대에 자녀가 독립을 하면 가족끼리 얼굴 보기도 힘들 것 같아요.

정희 그럴 리가 있겠어요? 역귀성이나 콘도 차례처럼 명절을 보내는 새로운 모습도 가족이 모이기 위해서 생각해낸 거잖아요. 혼자 사는 젊은이들이 많아지고 가족주의적 가치관이 약해졌다고 해도 가족이 중요하다는 건 부정할 수 없지요.

01 위 대화는 무엇에 대해서 이야기하고 있습니까?

❶ 명절의 풍속과 의미 ❷ 가족 제도의 다양성

❸ 가족의 형태와 의미 ❹ 저출산 시대의 특성

02 웨이 씨와 정희 씨는 가족 형태의 변화에 대해 어떻게 다르게 생각합니까?

03 위 대화를 보기와 같이 이어서 이야기해 봅시다.

[보기] 웨이: 하지만 자주 얼굴을 못 보고 살면 그만큼 마음도 멀어지게 되는 거 아닐까요?
정희: 그렇다고 해도 가족은 가족이지요.

1인 가구 **인정하다** **저출산** **(역)귀성** **부정하다**

어휘 가족의 형태와 그 변화

01 다음 표현을 익히고 빈칸에 알맞은 말을 골라 쓰십시오. (한 칸에 여러 가지 말을 써 넣어도 좋습니다.)

주 민 등 록 표
(등 본)

이 등본은 세대별 주민등록표의 원본 내용과 틀림없음을 증명합니다
담당자 : 홍 길 동 ☎ (02) 123-4534
2008년 10월 30일

서울특별시 서대문구 성산로

세대주 성명 (한자)	김영수 (金永秀)	세대 구성 사유 및 일자	전입세대구성 2001.03.06

번호	주 소 (통/반)	전입일/변동일	변동사유
현주소	서울시 서대문구 성산로 262	2001.03.06	2001.03.06 전입
	** 이 하 여 백 **		

번호	세대주 관계	성명(한자) 주민등록번호	전입일/변동일	변동사유
1	본인	김 영수 (金永秀) 000000-0000000		
2	처	이 영숙 (李永淑) 000000-0000000		
3	자	김 민호 (金旻浩) 000000-0000000		
4	자	김 민우 (金旻遇) 000000-0000000		

세대원 (2~4)

현대의 가족형태	원인
핵가족	도시화, 산업화, 저출산
1인 가족	남녀평등, 고학력 현상
노인 가족	고령화 사회
비동거 가족	고학력 현상, 맞벌이, 여성의 사회 진출
편부모 가족	이혼율 증가
대안가족	가정 폭력, 가족 해체

가족의 개념이 바뀌고 있다. 3대가 모여 사는 전통적인 대가족에서 부모와 아이들만 사는 (   )으로/로 변한 데 이어서 최근에는 혼자서 사는 (   )이/가 늘어나고 있다. (   )으로/로 아이들이 줄고 노인이 늘어나는 (   )이/가 되어가면서 노인 가족도 늘어나고 있고, 교육 때문에 아이들과 아내를 외국으로 떠나보내고 홀로 남은 기러기 아빠나 직업 때문에 주말에만 만나는 주말부부 같은 (   )도 늘고 있다. 물론 아직까지는 가장을 중심으로 여러 명의 가족 구성원들로 구성된 가족이 일반적이지만, 도시에서는 세대주가 유일한 세대원인 1인 가족이 빠르게 늘고 있다. 아이가 하나밖에 없는 가정이나 이혼율 증가로 인한 (   ) 등 새로운 가족도 증가하고, 가정 폭력 등에 따른 사회 부적응 상태나 (   ) 상황을 겪고 있는 이들을 위한 (   )도 제시되고 있다.

02 여러분 나라에는 어떤 형태의 가족이 있습니까? 그런 가족이 나타나는 원인은 무엇입니까? 위의 어휘들을 사용해 이야기해 봅시다.

문법

01 다음 글을 읽고 문법 및 표현을 익혀 봅시다.

만세 ! 드디어 오늘 독립을 한다. 그동안 집에서 직장까지 너무 멀어서 고생하다가 직장 근처에 원룸을 얻어 혼자 생활을 하기로 한 거다. 엄마한테는 결혼하라는 잔소리가 지겨워서 나간다고 했지만 집이 싫어서 **나온다기보다는** 오고가는 길에 버리는 시간이 너무 아깝고 몸도 고됐기 때문이다. 그런데 막상 독립을 하겠다고 생각을 하니 이것저것 걱정되는 게 한두 가지가 아니다. 빨래나 청소는 세탁기와 진공청소기가 한다 치고 음식은 어떻게 하지? 집에서 다 해 **먹자니 귀찮고 끼니마다 사먹자니 돈이 많이 들 것 같고 해서** 밥만 짓고 일단 김치랑 밑반찬들은 집에서 가져다가 먹기로 했다. 처음 해보는 솔로 생활, 잘 할 수 있을까?

-는다기보다는

1) 다음을 연결하고 보기와 같이 이야기해 봅시다.

대가족은 식구가 많아서 싫다 •	• 얹혀산다고 하는 편이 옳을 것 같다.
나는 독신주의자이다 •	• 모시고 산다고 하는 게 맞을 것이다.
나는 부모님과 같이 살지만 모시고 산다 •	• 아직 천생연분을 못 만났을 뿐이다.
우리 집의 저녁 식사 시간은 단순히 밥을 먹는다 •	• 사생활을 보장받을 수 없어서 싫다.
친구네 강아지는 키우다 •	• 같이 어울려 즐기는 시간이다.

[보기] 대가족은 식구가 많아서 싫다기보다는 사생활을 보장받을 수 없어서 싫다.

-자니 -고 -자니 -고 해서

2) 빈칸을 채우고 보기와 같이 이야기해 봅시다.

선택 ①	선택 ①의 문제점	선택 ②	선택 ②의 문제점	고민
차를 사다	유지비가 많이 든다	걸어서 다니다	너무 힘들다	어떻게 해야 할지 모르겠어요
계속 사귀다		헤어지다		
아이를 낳다		안 낳다		
아이만 유학 보내다		아내까지 같이 보내다		
어른을 모시고 살다		따로 사시게 하다		

[보기] 차를 사자니 유지비가 많이 들고 걸어서 다니자니 너무 힘들고 해서 어떻게 해야 할지 모르겠어요.

02 다음 상황에 대해서 '-는다기보다는, -자니-고-자니-고 해서'를 사용해 보기와 같이 이야기해 봅시다.

상황 1. 대학교 졸업 후에 대학원 진학을 할지 취직을 할지 결정해야 하는 경우

상황 2. 외국인 애인과 결혼을 하고 싶은데 여러 가지 문제로 고민 중인 경우

상황 3. 우정이라고만 생각했는데 사랑처럼 느껴지는 이성 문제로 고민 중인 경우

[보기] 상황 1

가 : 대학교 졸업하고 뭘 할지 아직도 결정 못한 거야? 취직하기 싫은 거 아니야?

나 : 취직하기 싫다기보다는 결정을 하기가 어려워서 말이야. 대학원에 가자니 학비가 비싸서 걱정이고 취직을 하자니 공부에 미련이 남아서…

과제 1 읽고 말하기

다음 글을 읽고 질문에 답하십시오.

전통적 가부장제 하에서 보편적인 가족 형태이던 대가족이 산업화 · 도시화에 따라 핵가족으로 변하기 시작한 것은 그리 오래전 일이 아니다. 그러나 최근 급속하게 사회가 변화하면서 예전에는 가족으로 인식하지 못해왔던 새로운 형태의 가족이 나타났다. 한국인은 어느 정도까지를 가족의 한 유형으로 인식할까?

2006년 1월 부산일보에서 실시한 '가족 유형별 수용도와 가족 관련 가치'에 대한 의식 조사의 결과는 과거와는 많이 달라진 모습을 보이고 있다. 국제결혼이나 재혼, 입양을 통해 이루어진 가족은 예전에도 그 수가 적기는 하지만 가족의 한 형태로 받아들여지기는 했다. 하지만 예전에는 보편적인 가족의 형태라고 인식하지 않던 '한 부모 가족'이나 '조부모-손자가족', '처가 부모 동거 가족'은 조사 대상자의 90% 이상이, '자발적 무자녀 가족'과 '미혼모 · 미혼부 가족'은 70% 이상이 가족의 한 유형으로 받아들인 것으로 나타났다. 이는 이혼율 증가나 경제적인 여건 등에 따라 생겨난 새로운 가족 형태가 하나의 유형으로 자리 잡았다는 것을 의미한다.

비혈연적 생활 공동체인 '공동체 가족'이나 결혼하지 않고 함께 사는 '동거'에 대해서도 응답자 중 50~60%는 가족의 형태로 인정하는 태도를 보였으나, 남의 아이를 맡아 기르는 '위탁 가족'이나 같은 성(性)끼리 동거하는 '동성애 가족'에 대해서는 20% 전후만이 인정할 뿐 대다수의 응답자들은 이를 가족으로 받아들이지 않았다.

조사결과를 통해 전통적으로 가족의 조건으로 여겨졌던 '결혼'과 '부계 혈연'을 더 이상 가족의 필요충분조건으로 인식하지 않는다는 점과, 이혼율 증가나 결혼 기피 현상 등과 같은 사회적인 변화가 시민들의 의식 변화에 상당 부분 반영되어 있음을 알 수 있었다. 동성 가족이나 위탁 가족이 받아들여지지 않았다는 점은 아직 남녀 간의 결합을 벗어난 것이나 일시적 계약에 의한 관계를 인정하지 않는 사회적 인식이 반영되어 있다고 할 것이다.

01 위 글은 무엇에 대한 글입니까?

❶ 가족 형태의 변화 ❷ 다양해진 가족 형태에 대한 인식
❸ 혈연과 가족의 조건 ❹ 전통적으로 내려오던 가족관

02 위 글에서 결혼이나 혈연이 가족의 필요충분조건이 아님을 보여주는 사례는 무엇입니까?

03 여러분은 위 조사결과에 대해 어떻게 생각하십니까?

수용도 자발적 여건 비혈연적 기피 반영 위탁

과제 2 듣고 말하기 [CD2:09]

다음 좌담회를 듣고 질문에 답하십시오.

01 다음 표에 여러 측면에 대한 윤 교수의 견해를 정리해 봅시다.

	윤주현 교수
가족의 변화	가족의 의미가 ____보다는 ____으로/로 변하고 있다.
'가족의 위기'라는 현상	• ____은/ㄴ 추세 • ____같은 비전형적인 가족 형태 증가. • 변화에 대비한 ____이/가 안 되어 있음.
가족의 변화는 어느 방향으로 나아가게 될까	• 혈연 중심의 집단적 가치보다 ____을/를 더 중요하게 여김. • ____형태가 될 것임.
궁극적으로 가족 해체로 갈 것인가	____혹은 ____으로/로 바뀔 것임.

02 여러분은 윤 교수의 의견에 대해 어떻게 생각합니까?

03 다음 주제 중 하나를 골라 자유롭게 토론해 봅시다.

1) 결혼 제도의 필요성	2) 아이는 꼭 낳아야 하는가.

비전형적 **담담하다** **해체되다** **필연적** **분화되다**

02 한국의 의례

학습 목표 ● 과제 현대 결혼식 풍속에 대해 발표하기, 통과 의례의 의의에 대해 토의하기
● 문법 –같아선, –을 것까지는 없겠지만 ● 어휘 관혼상제

위 그림은 어떤 의례를 나타내고 있습니까?

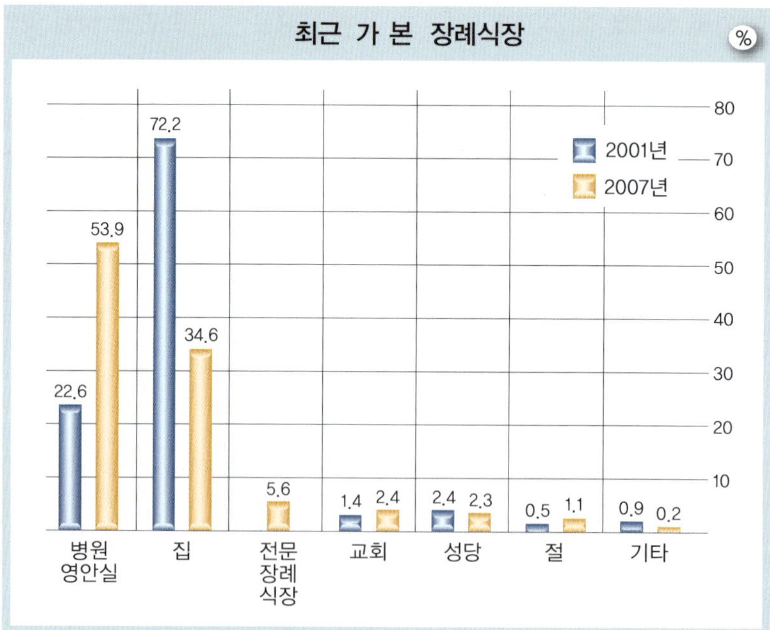

한국갤럽에서 2007년 9월 전국의 20세 이상 남녀 1,506명을 대상으로 최근 가 본 장례식장을 조사한 결과입니다. 여러분 나라에서는 어디에서 장례식을 합니까?

대화

CD2:10~11

제임스 검은색 정장을 입었네요. 어디 다녀오는 길이에요?

영수 네. 친구 아버님이 돌아가셨다는 소식을 듣고 문상을 다녀왔지요.
마음 같아선 밤을 새우고 장지까지 따라가고 싶었지만 워낙 요즘 연구소 일정이 빡빡해서요.

제임스 친구 부모님이 돌아가시면 장지까지 따라가는 것이 보통인가요?

영수 아니, 뭐 꼭 그럴 것까지는 없겠지만 생전에 저에게도 퍽 잘해 주시던 분이셔서요. 근데 조문객이 정말 많더라고요.

제임스 조문객이 많으면 가족들이 초상을 치르느라 고생이 많을 것 같아요.

영수 요즘엔 모든 장례 절차를 장례식장에서 다 맡아 해주어서 그나마 수월해 보였어요.

제임스 전통적인 장례식과는 분위기가 다소 달랐겠군요. 그건 그렇고 장례식장에 갔을 때 가족들에게 어떻게 조의를 표해야 하는지 그것이 좀 궁금했는데 어떻게 하면 되나요?

영수 빈소에 들어가서 절하거나 묵념을 한 후에 옆에 서 있는 유족들에게 '고인의 명복을 빕니다.' 라고 말하는데요, 아무 말씀 안하시고 그냥 인사만 하셔도 됩니다.

01 위 대화는 무엇에 대해서 이야기하고 있습니까?

❶ 조문객　　❷ 문상
❸ 장지　　❹ 고인

02 빈소에 가서는 어떻게 말해야 합니까?

03 위 대화를 보기와 같이 이어서 이야기해 봅시다.

[보기] 제임스: 그냥 인사만 해도 된다고요?
영수: 네. 슬픈 일을 당하신 분에게 아무 말도 하지 않음으로써 더 깊은 애도의 뜻을 전할 수도 있다는 거죠.

**문상　장지　빡빡하다　생전　조문객　초상을 치르다　절차　조의를 표하다
빈소　묵념　고인　명복을 빌다**

어휘 관혼상제

01 다음 표현을 익히고 빈칸에 알맞은 말을 골라 쓰십시오.

돌잔치 결혼식 회갑연 장례식 제사	치르다 벌이다 올리다 지내다	장래를 축복하다 백년해로를 빌다 장수를 축하하다 명복을 빌다 조상을 추모하다

아기가 태어난 지 일 년이 되면 가족과 친지들이 모여 돌잔치를 ( )는다/ㄴ다/다.

결혼식을 ( )는/은/ㄴ 신랑 신부에게 주례는 검은 머리가 파뿌리가 되도록 잘 살라면서 ( )는다/ㄴ다/다.

회갑연에서는 자식들이 부모님께 ( )는/은/ㄴ 잔을 올린다.

자손들은 ( )기 위해 상을 차리고 절을 하면서 제사를 ( )는다/ㄴ다/다.

02 한국의 관혼상제에 대해 위 표현들을 사용해 보기와 같이 이야기해 봅시다.

[보기] 장례식은 돌아가신 지 3일, 5일, 9일 이렇게 홀수 날 동안 치르는데 이 날짜가 길수록 더 정중한 장례로 생각되었습니다. 고인의 명복을 빌기 위해 장례식에 참석하는 조문객들은 조의금을 준비합니다. 고인의 자손은 술과 음식을 준비하여 조문객을 정성껏 대접했고 장례식이 끝난 후 서신을 보내 감사의 마음을 전하는 것이 예의였습니다.

문법

01 다음을 읽고 문법 및 표현을 익혀 봅시다.

우리 어머니가 곧 환갑이시다. 어머니는 요즘 칠순 때나 잔치하지 환갑잔치 누가 하냐며 그냥 보통 생일처럼 하자고 말씀하신다. 친구는 어떤 사람들은 호화판 유럽 여행까지도 보내드리는데 잔치는 해드리라고 말했다. 나도 **마음 같아선** 뭐든지 다 해 드리고 싶다. 그래도 어머님 환갑인데 그냥 넘길 수는 없는 일이 아닌가. 칠순 때가 있으니까 지금 호화판 유럽 여행을 **보내 드릴 것까지는 없겠지만** 정성을 다해 환갑잔치는 해 드려야겠다.

-같아선

1) 빈 곳에 알맞게 쓰십시오.

가 왜 기분 나쁜 일이라도 있어?
나 사무실에서 상사한테 심한 잔소리를 들었어. **생각 같아선** 그만두고 싶어.
가 성질 부리지 마. 나도 기분대로라면 사표를 수십 장은 썼을 거야.

가 친구 아이 돌인데… 형편이 어려워서 뭘 선물해야 할 지 모르겠다.
나 금반지 하나 해 주면 되지 않아?
가 .... 같아선 해 주고 싶지만 요즘 금값이 워낙 비싸서 말이야.

가 어머니의 환갑잔치를 집에서 하는 건 어떨까?
나 그건 너무 번거롭잖아. 집에서 음식이며 잔치 준비며 하는 것은 너무 힘들지.
가 그래도 .... 하지만 너무 바쁘고 솜씨도 없으니…

가 너 여자 친구랑 결혼 안 해?
나 회사일이 너무 바빠서 말이야. ....

가 요새 취직하기가 너무 힘들지 않니?
나 응, 그러게 말이야. 시간제 일이라도 해야 할 것 같아.
가 그런데 ....

-을 것 까지는 없겠지만

2) 다음을 연결하고 보기와 같이 이야기해 봅시다.

호화롭게 혼수를 준비한다 •	• 상대방 가족의 기분을 상하게 하지 않을 정도의 예단은 준비하는 것이 좋겠다.
결혼 전에 남자가 집을 사 놓다 •	• 적어도 일주일에 나흘은 해야 살이 빠집니다.
생일잔치에 갈 때 꼭 비싸고 큰 선물을 한다 •	• 새벽 1시정도까지는 해야 되지 않겠어?
매일 운동을 한다 •	• 빈손으로 가는 건 실례가 되는 것 같다.
이 정도 일 가지고 밤을 새우다 •	• 전세금 정도는 마련해 놓아야 하지 않겠어요?

[보기] 호화롭게 혼수를 준비할 것까지는 없겠지만 상대방 가족의 기분을 상하게 하지 않을 정도의 예단은 준비하는 것이 좋겠다.

02 빈칸을 채우고 '-같아선', '-을 것 까지는 없겠지만'을 사용해 보기와 같이 이야기해 봅시다.

옆집의 소음	신고	항의
돌잔치	화려한 호텔	돌잔치 전문 식당
프로포즈	다이아몬드 반지	

[보기] 가: 아, 시끄러워. 옆 집 말이야. 도대체 며칠 째야?
마음 같아선 경찰에 신고해 버리고 싶어.
나: 신고할 것 까지는 없겠지만 항의는 해야겠다.

과제 1 듣고 말하기 [CD2:12]

다음 이야기를 듣고 질문에 답하십시오.

01 다음 표를 정리하십시오.

이벤트	의미
양가 부모님과 신랑 신부 동시 입장	1) 부모님 소개 2) .... 3) ....
편지 낭독	1) .... 2) 영원한 사랑의 증표
하객들의 축하 메시지	1) .... 2) 하객들의 기대와 축하의 표현

02 신랑 신부가 낭독하는 편지에 들어갈 내용이 아닌 것을 고르십시오.

❶ 연애하면서 서로에 대해 느꼈던 점
❷ 서로에게 어떤 남편과 아내가 될 것인가
❸ 서로의 부모에게 어떤 며느리와 사위가 될 것인가
❹ 결혼식 전날 했던 생각

03 결혼한 후 지켜야 할 생활 수칙을 써 보십시오.

결혼한 후 지켜야 할 생활수칙

제1. 청소는 남편이, 음식은 아내가 하되 서로 시간이 있으면 돕기로 한다.
제2. 싸웠을 때는 그 날 안에 화해한다.
제3. 한 달에 두 번은 영화나 연극 등의 문화생활을 즐긴다.
제4. ....

부여하다 정식으로 화목하다 임하다 다짐하다 증표 수칙 단상 애틋하다 되새기다

04 여러분이 친구 결혼식에서 하객의 대표로 낭독할 축하 메시지를 적어봅시다.

사랑하는 친구, 오늘의 신랑/신부에게

....

....

....

....

05 자신이 원하는 이색적인 결혼식에 대해서 보기와 같이 이야기해 봅시다.

[보기] 나는 수중 결혼식을 해 보고 싶어요. 그이를 잠수 동아리에서 만났으니 만큼 우리의 사랑을 엮어준 바다 속에서 영원한 맹세를 하는 것이 제 꿈이에요. 무지개 빛 물고기가 우리 앞을 지나가고 시끄러운 소리 하나 없는 조용한 바다 속이 식장이 된다면 정말 멋진 결혼식이 될 것 같아요.

과제 2 읽고 말하기

다음 글을 읽고 질문에 답하십시오.

통과 의례란 한 사회의 구성원이 평생 동안 겪는 육체적 · 사회적 변화와 이에 따르는 문제를 통과하고 극복하기 위한 문화적 행위를 말한다. 사람들은 제각기 변화와 이에 따르는 문제를 통과하고 극복해야 하기 때문에 이 말을 사용하고 있다. 예를 들어 사람은 누구나 개인적으로 출생 · 성장 · 혼인 · 죽음 등과 같은 과정을 겪는데 이 사건들은 평범한 일상생활에서 생기는 일종의 작은 혼란으로서 사회 구성원의 지위와 역할이 변화됨을 의미한다.

돌잔치, 성인식, 혼례식, 장례식과 같은 통과 의례들은 익숙한 일상 상태로부터 분리되는 분리 단계, 새로운 상태로 들어가기까지의 과도적인 단계, 그리고 새로운 상태로 통합되는 통합 단계로 이루어진다. 흔히 분리 단계에서는 일상과는 구분되는 생활을 하도록 일정한 기간의 과도기를 거치고 통합 단계에 들어갈 때 새로운 지위와 역할을 나타내는 새로운 이름을 갖거나 새로운 옷이나 머리 모양을 함으로써 새로운 지위와 역할을 갖게 되었음을 나타낸다. 이 때 잔치를 벌여 음식도 함께 나누어 먹음으로써 사회로 통합되었음을 축하한다. 공동으로 행해지는 집단 놀이, 마을 잔치가 있었던 이유가 바로 그것이다.

통과 의례에 있어서 놀이나 잔치는 집이나 마을의 특정 장소에서 행해졌으며 주로 친인척과 마을 사람들이 참여하였다. 집단 놀이와 공동 잔치를 통해서 이 변화를 인정하고 혼란을 극복하여 대동성을 확인하는 것이 목적이었기 때문이다. 그렇게 함으로써 새로운 차원의 생활 집단으로 다시 태어나게 됨을 확인한다. 이를 위해 잔치에는 일상생활의 의·식과는 구분되는 옷과 떡·고기·술 등이 특별히 마련되는 것이다.

01 '통과 의례'는 무엇입니까?

02 다음 표를 완성하십시오.

육체적 사회적 변화의 예		출생, (　　), (　　), (　　)	
변화의 극복	달라지는 것	지위, (　　)	
		이름, (　　), (　　)	
	잔치	1) 장소	
		2) 참여 구성원	
		3) 목적	

03 위 글에서 말한 '일상생활의 의·식과는 구분되는 것'에 대해 다음을 참고하여 이야기해 봅시다.

의례	새로운 표현	특별한 옷	특별한 음식
돌잔치		돌 옷, 돌 빔	수수경단, 백설기, 흰밥, 미역국
성인식	호, 하게체	상투, 갓	술, 과일, 육포, 떡
혼례식	신랑/신부	원삼, 족두리, 연지 곤지, 사모관대	대추, 밤, 닭, 국수, 떡
장례식	고인, 유족	수의, 상복	고기, 술, 떡

구성원　제각기　혼란　과도적　대동성　구분되다

YONSEI KOREAN 5

03 정리해 봅시다

Ⅰ. 어휘

01 빈칸에 알맞은 말을 골라 쓰십시오.

빡빡하다 인정하다 조문객 빈소 저출산 부정하다 역귀성

1) 경쟁에서 진 후에야 그는 자기 실력이 모자라다는 것을 ________ 었다/았다/였다.
2) 최근에는 명절에 고향으로 내려가는 것이 아니라 고향의 가족들이 거꾸로 서울로 올라오는 ________ 현상이 나타났다.
3) 고등학교 동창에게서 고3 때 담임선생님이 돌아가셨는데 ________ 은/는 연세병원 장례식장이라는 연락을 받았다.
4) 장례식장 안은 유족들을 위로하는 ________ 들로 북적거렸다.
5) 일주일동안 매일 서너 차례씩 회의를 해야 하는 ________ 는/은/ㄴ 일정 속에서도 그는 웃음을 잃지 않았다.
6) 그의 성공이 끝없는 노력에서 비롯되었다는 것은 ________ 을/ㄹ 수 없는 사실이다.
7) 아이를 안 낳거나 적게 낳는 ________ 현상으로 인해 문을 닫는 초등학교가 생기고 있다.

02 빈칸에 알맞은 말을 골라 쓰십시오.

문상 장지 생전 명복 초상을 치르다
묵념 고인 절차 조의를 표하다

친구가 부친상을 당했다는 부고를 받고 연세병원 장례식장으로 (　　　　　　)을/를 다녀왔다. 빈소에는 고인의 영전에 (　　　　　　)는/은/ㄴ 조문객의 발길이 이어져 생전에 주위 사람들에게 두루 베푸시던 (　　　　　　)의 넉넉한 성품을 떠올리게 했다. 빈소에 들어가 향을 피우고 (　　　　　　)을/를 하며 삼가 고인의 (　　　　　　)을/를 빌었다. 조문객들의 인사를 받기에 바쁜 상주를 뒤로 하고 어머님을 뵙고 인사를 드렸다. 어머님은 옛날에 비해 장례 (　　　　　　)이/가 많이 간소해져서 (　　　　　　)는/은/ㄴ 것이 어렵지 않다고 하셨다. 나는 장례 마지막 날 (　　　　　　)까지 따라 가겠다고 말씀드리고 장례식장을 나왔다.

03 다음 중 어울리는 어휘들을 골라서 쓰십시오.

핵가족 1인 가족 노인 가족 비동거 가족 편부모 가족 대안가족

도시화, 산업화, 저출산	핵가족, 1인 가족
남녀 평등, 여성의 고학력 현상 맞벌이, 여성의 사회 진출	
고령화 사회	
이혼율 증가	
가족 해체, 가정 폭력	

04 다음을 연결하고 보기와 같이 말해 봅시다.

돌잔치를 하다 •	• 명복을 빌다
결혼식을 올리다 •	• 장래를 축복하다
회갑연을 벌이다 •	• 조상을 추모하다
장례식을 치르다 •	• 장수를 축하하다
제사를 지내다 •	• 백년해로를 빌다

[보기] 아이의 돌잔치를 할 때는 아이의 장래를 축복합니다.

II. 문법

다음 상황에 맞게 대화를 완성하십시오.

상황 1

최 과장은 박 과장과 일하는 방식이 달라 매번 스트레스를 받아서 어떻게 해야 할지 모르겠다. 박 과장의 방식을 따르면 일이 느려지고, 내 방식을 고집하면 싸울 것 같다. 그래서 요즘엔 다른 부서로 옮기고 싶은 생각까지 한다. 김 부장은 최 과장에게 그 문제에 대해 조언한다.

김 부장　박 과장하고 같이 일만 하면 왜 그렇게 스트레스를 받아? 사이가 안 좋은 거야?

최 과장　__________ 는다기보다/ㄴ다기보다/다기보다 __________.
__________ 자니 __________ 고 __________ 자니
__________ 고 해서 어떻게 할지 모르겠어요. __________ 같아선
__________ 고 싶어요.

김 부장　__________ 을/ㄹ 것까지는 없겠지만 __________
__________.

상황 2

진수는 식당에서 음식이 너무 짜서 먹다가 남긴다. 나가서 먹을 시간도 없고 그렇다고 굶으면 배가 고프다. 음식 값을 내기 싫을 정도이다. 수경이는 진수에게 그 문제에 대해 조언한다.

수경　음식을 남겼네요. 맛이 이상해요?

진수　__________ 는다기보다는/ㄴ다기보다는/다기보다는 __________.
__________ 자니 __________ 고 __________ 자니
__________ 고 해서 어떻게 해야 할지 모르겠어요.

수경　구내식당이 다 그렇지요 뭐.

진수　__________ 같아서는 __________. 음식 좀 제대로 만들 수 없나?

수경　__________ 을/ㄹ 것까지는 없겠지만 __________.
잘 이야기하면 좋아질 수도 있잖아요.

Ⅲ. 과제

'가족의 의미'라는 제목으로 작문을 하십시오.

01 '가족'이라는 말에서 연상되는 단어를 쓰십시오.

⇒

02 나의 가족과 '가족의 의미'에 대해 쓸 중심 내용을 써 보십시오.

1) ....

2) ....

3) ....

4) ....

03 '가족의 의미'와 관련된 자신의 추억이나 들어서 알고 있는 사례를 메모하십시오.

⇒

04 최종적으로 '가족의 의미'를 어떻게 생각하는지 결론적인 의견을 정리해서 쓰십시오.

05 앞에서 정리한 단어와 내용, 사례들을 가지고 '가족의 의미'라는 제목의 글을 1,000자 정도 분량의 글로 완성해 보십시오.

제목 : 가족의 의미

200

400

600

800

1000

문화

3년상과 49재

장례의 모든 절차가 끝나 상복을 벗는 것을 탈상(脫喪)이라 한다.

오늘날 부모님이 돌아가시면 대개 49일 만에 탈상을 하는데 이는 불교에서 나온 풍속이다. 죽은 사람이 다음번에 좋은 생을 받기 바라는 뜻에서 죽은 날로부터 7일째마다 7회에 걸쳐서 천도재(薦度齋)를 지내준다. 이를 사십구재(四十九齋)라고 한다.

삼년상은 공자의 〈논어〉에 '군자는 상복을 입는 동안은 맛있는 음식을 먹어도 달지 않고 음악을 들어도 즐겁지 않으며 편한 곳에 있어도 편안치 않다. 자식이 나서 3년은 지나야 부모의 품을 벗어날 수 있게 되듯이 3년상은 천하의 공통된 상례다'라는 말이 있는데 이 말을 따른 듯싶다.

부모님이 돌아가시면 그 자손이 산소 옆에 움막을 짓고 3년 동안 산소를 돌보며 살았다. 밖에 나가 다닐 때에는 자신을 낳아준 부모를 돌아가시게 했으니 하늘을 볼 수 없는 죄인이므로 방립(方笠)을 쓰고 베로 된 부채로 얼굴을 가렸다고 한다. 그리고 술과 고기도 먹지 않았다.

이 3년 상은 삼국 시대부터 있었다는 기록이 보인다. 고려 시대에는 부모의 상을 100일 만에 벗는 게 상례였고 조선 시대에 들어와서도 양반층은 대개 3년 상을 치렀으나 일반 백성은 제대로 따르지 않았다. 그러다가 양반 상민 모두 3년 상을 지키라는 명령이 내려진 이후로 한국의 고유 풍속이 되었다.

현대에 이르러서는 대체로 장례가 끝나고 삼 일째에 삼우제(三虞祭)라고 하여 첫 성묘를 하면서 간단한 제사를 지내고 일상으로 복귀한다. 유교의 삼년상, 불교의 사십구재보다도 더 빨리 일상으로 귀환하지만 고인을 기리는 풍속은 제례로 이어져 지금까지 계속되고 있다.

1. 예전과 현대의 탈상 시기는 어떻게 다릅니까?

2. 요즘 여러분의 나라에서는 며칠 동안 장례식을 치릅니까?

문법 설명

01 -는다기보다는/ㄴ다기보다는/다기보다는/이라기보다는/라기보다는

앞의 내용이라고 말하느니 차라리 뒤의 내용으로 표현하는 것이 더 낫다는 뜻이다.

- 이 집은 좁다기보다는 내부 구조가 안 좋다고 봐.
- 글쎄… 그 가수는 예쁘다기보다는 귀엽고 깜찍하지.
- 아침마다 그 집 샌드위치를 먹는 건 맛이 있어서라기보다 시간이 없어서라고 보는 게 맞지.
- 늘 내 곁에 있어주는 영수는 친구라기보다는 가족에 가깝다.

02 -자니

'-려고 하니'의 뜻이다. 보통 '-자니 -고 -자니 -고 해서'의 형태로 쓰여 앞 상황의 여러 가지 이유로 해서 고민하고 있을 때 쓰는 표현이다.

- 유행이 지난 옷은 버리자니 아깝고 갖고 있자니 귀찮고 해서 어떻게 해야 할지 모르겠어요.
- 학교까지 걸어가자니 좀 멀고 버스를 타자니 좀 도는 것 같고 해서 생각 중이야.
- 항상 날 귀찮게 하는 사무실 동료가 있는데, 화를 내자니 미안하고 부탁을 다 들어주자니 내 일을 못할 것 같아서 걱정이야.
- 집 근처에 단골 포장 마차가 있는데, 저녁까지 먹고 귀가할 때는 들어가서 뭘 먹자니 배가 너무 부르고 그냥 지나치자니 서운할 것 같고 해서 가끔 그 앞을 지나가기가 부담스러울 때가 있어.

03 -같아선

'마음', '생각', '기분', '욕심' 등의 명사나 일부 시간을 나타내는 명사 '요즘', '지금', '오늘' 등에 붙어서 쓰이며 '지금의 마음이나 형편에 따르자면'의 뜻으로 쓰인다. 실제로는 그렇게 하지 못함을 나타내는 표현이다.

- 옛날 같아선 지금의 연애결혼은 상상도 못했던 일이다.
- 내년 초 대학 졸업생들의 취업난은 예상을 뛰어넘는 최악의 수준이 될 것으로 우려되고 있다. 요즘 같아선 대학 졸업이 곧 실업이 되고 있는 것이다.
- 생각 같아선 일주일만이라도 아무도 없는 섬나라에 가서 조용히 살고 싶다.

- 영화가 너무 감동적이어서 기분 같아선 마지막에 일어나 박수라도 치고 싶었는데 혼자 그러기엔 좀 창피해서 그만두었다.

04 -을/ㄹ 것까지는 없겠지만

앞 내용에 가장 최고의 상황을 말하고 그 정도까지는 아니라 하더라도 어느 정도까지는 만족시켜야 하는 경우에 쓰인다.

- 경고장에 기재된 내용을 100% 지킬 것까지는 없겠지만 이 이상의 범법 행위는 중지하는 것이 좋습니다.
- 아이를 심하게 때릴 것까지는 없겠지만 따끔하게 혼을 내서 정신을 차리게 해야 한다.
- 가장 이상적이랄 것까지는 없겠지만 이번 안으로 하는 것이 적절한 것 같습니다.
- 아주 고화질일 것 까지는 없겠지만 그래도 어느 정도 수준이 되는 컬러폰이어야 해요.

제8과 삶과 배움

01
제목 | 한국인의 교육관
과제 | 바람직한 교육에 대해 글쓰기
체벌에 대해 토론하기
어휘 | 한국의 교육 제도
문법 | -으라 -으랴, -다 보니 그로 인해

02
제목 | 평생 학습
과제 | 평생 학습 프로그램에 대해 조사하여 발표하기
평생 학습 계획에 대해 발표하기
어휘 | 평생교육
문법 | -는 만큼, -지 않고서는

03
정리해 봅시다

- 문화
배움과 선비

01 한국인의 교육관

학습 목표 ● 과제 바람직한 교육에 대해 글쓰기, 체벌에 대해 토론하기
● 문법 -으랴 -으랴, -다 보니 그로 인해 ● 어휘 한국의 교육 제도

대학교육이 꼭 필요한지 이야기해 봅시다.

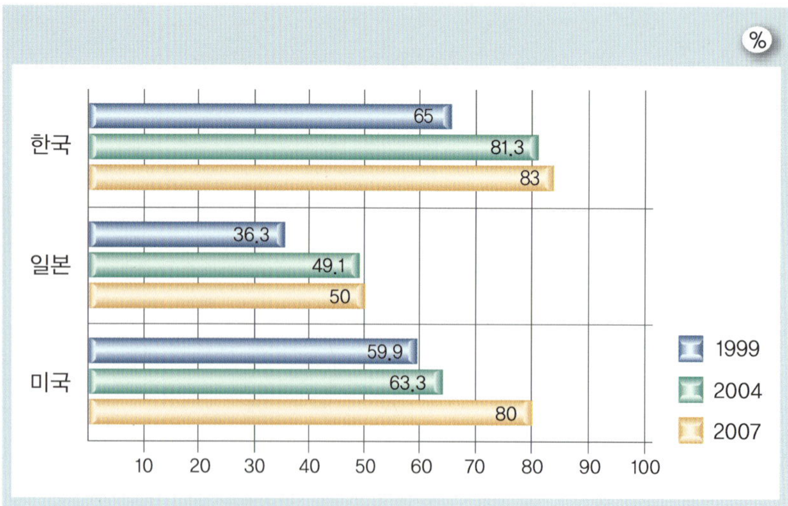

위 도표를 보고 여러분 나라의 대학 진학 현황과 비교해 이야기해 봅시다.

대화

CD2:13~14

존슨 드라마에서 보니까 가정교육을 제대로 못 받았다는 말이 나오던데 한국에서는 그런 말을 많이 쓰나 봐요.

정희 존슨 씨 나라에서는 그런 말 안 쓰나요? 한국에서는 보통 예의가 없거나 인사성이 없으면 가정에서 부모님이 자녀에게 예의범절을 가르치지 않아서 그렇다고 말을 하거든요.

존슨 그래서 그런지 한국 학생들을 보면 인사도 잘 하고 예의가 바른 것 같아요. 게다가 놀란 건 자식들을 위해 자신을 희생하는 부모님이 많다는 거예요. 자식들을 좋은 대학에 보내려고 비싼 교육비도 아끼지 않고 학원까지 보내면서 공부시키잖아요.

정희 그건 한국 부모님들의 교육열이 높아서 그런 것 같아요. 가능하면 자식이 교육을 많이 받아서 사회적으로 성공하길 바라는 게 대다수 부모님들의 마음이지요. 저도 고등학교 때 학교 다니랴 학원 다니랴 날마다 시간에 쫓기면서 밤 늦게까지 책하고 씨름했었어요.

존슨 그렇게 열심히 공부해서 그런지 한국 학생들 보면 상식도 풍부하고 재주도 많은 것 같은데…. 그렇지만 공부에 쫓겨서 그런지 마음에 여유가 없어 보여요.

정희 부모님들의 교육열이 높고 대입 경쟁이 치열하다 보니 그로 인해 부작용도 생기고 있지만 높은 교육열 덕분에 한국이 이만큼 발전했다고도 하거든요. 한국은 천연자원이 부족한 나라인데 교육 덕분에 인적자원이 풍부하다고들 하니까요.

01 위 대화는 무엇에 대해서 이야기하고 있습니까?

❶ 학교 교육의 문제점
❷ 한국의 가정 교육과 교육열
❸ 대학 입시의 부작용
❹ 한국 교육의 변화와 발전

02 '가정 교육을 못 받았다'는 어떤 의미입니까?

03 위 대화를 보기와 같이 이어서 이야기해 봅시다.

[보기] 존슨 : 하지만 부모님들의 지나친 교육열 때문에 한국 아이들의 정서가 메말라가고 있다는 느낌이 들어요.
정희 : 글쎄요, 오히려 어렸을 때 정서 함양에 도움이 되도록 음악이나 연극 등 풍부한 경험을 시키려는 부모님들이 많은 것 같은데요.

제대로	인사성	예의범절	희생하다	-과/와 씨름하다	풍부하다
대입	치열하다	인적 자원			

어휘 한국의 교육 제도

01 다음 표현을 익히고 빈칸에 알맞은 말을 골라 쓰십시오.

공교육	공통	사교육
교사 – 학생	예체능 교육	강사 – 수강생
의무 교육	외국어 교육	학원 (외국어 학원, 보습 학원, 음악 학원, 무용 학원, 미술 학원, 컴퓨터 학원, 논술 학원)
국/공립 학교	영재 교육	과외
사립 학교	조기 교육	
인문계 고등학교	직업 교육	
실업계 고등학교		
특목고 (특수목적고등학교)		
6-3-3-4학제		

현재 한국은 중학교까지 (　　　　　　)을/를 실시하고 있다. 그래서 학교 교육비가 들지 않는다. 그런데 요즘 부모들은 아이가 서너 살부터 조기교육을 시키기 위해 여기 저기 사설 (　　　　　　)에 보내느라 교육비 부담이 크다. 예를 들면 피아노, 바이올린, 플룻 등의 악기, 발레, 그림, 글쓰기, 태권도 등 여러 분야의 다양한 (　　　　　　) 교육이나 외국어 교육에 부모님들은 교육비를 아끼지 않는다.

요즘은 교육부에서 (　　　　　　) 교육의 한 방법으로 과학, 수학, 정보통신 분야에서 똑똑한 학생을 선발해 우수인력으로 양성하고 있다. 이 선발 시험에 합격하면 과학고 같은 (　　　　　　)에 입학하기가 훨씬 수월하다고 한다.

일반 (　　　　　　) 고등학교에는 대학에 진학하려는 학생들이 다니고, (　　　　　　) 고등학교에는 취업에 필요한 여러 기술을 배우려는 학생들이 다닌다.

02 여러분 나라에서는 무슨 교육이 어떻게 이루어지고 있습니까? 위 표현을 사용해 이야기해 봅시다.

문법

01 다음 글을 읽고 문법 및 표현을 익혀 봅시다.

난 요즘 **학교공부 하랴 학원공부 하랴** 지쳐 잠든 아이를 보면 문득 문득 옛날이 그리워진다. 내가 어렸을 때만 해도 이렇게 공부에 쫓기진 않았던 것 같다. 학교 수업이 끝나면 집에다 가방을 던지고 나가 하루 종일 친구들이랑 신나게 놀다가 어둑어둑해져서야 돌아오곤 했다.

부모님을 도와드리지 않아 종종 야단맞기도 했지만 요즘 아이들처럼 경쟁이 **심하지 않다보니 공부로 인해** 스트레스를 받지는 않았다. 산으로 들로 나가 친구들이랑 뛰어 놀던 그 맛을 과연 요즘 아이들은 알까?

-으랴 -으랴

1) 다음 중 알맞은 표현을 골라 빈 곳에 쓰십시오.

시험공부하고 아르바이트하다	직장 일하고 집안일하다
자막 읽고 무대 보다	음식 먹고 이야기하다
영어, 수학 공부하고 태권도, 피아노 배우다	

- 요즘 시험공부하랴 아르바이트하랴 몸이 두 개라도 모자랄 지경이다.
- 외국 뮤지컬 공연을 볼 때면 ______________ 정신이 없다.
- 방학이 되어도 ______________ 한가할 시간이 없다.
- 밥을 먹기 시작하자 ______________ 손놀림, 입놀림이 바빠졌다.
- 직장 생활을 하는 대부분의 기혼 여성들은 ______________ 한가할 틈이 없다.

-다 보니 그로 인해

2) 다음을 연결하고 보기와 같이 이야기해 봅시다.

이 과목 저 과목 과외를 시키다 •	• 교육비 부담이 커졌다.
교육비 부담이 크다 •	• 인성교육이 약화되고 있는 것 같다.
학교 교육이 입시중심으로 흐르다 •	• 아이 낳기를 망설이는 게 아닐까요?
학생들이 신조어를 무분별하게 쓰다 •	• 노인 문제가 새로운 사회 문제로 대두되었다.
사회가 고령화되다 •	• 세대 간에 의사소통이 어려울 때도 있다.

[보기] 이 과목 저 과목 과외를 시키다 보니 그로 인해 교육비 부담이 커졌다.

02 빈칸을 채우고 '-으랴 -으랴', '-다 보니 그로 인해'를 사용해 보기와 같이 이야기해 봅시다.

사람	상황	결과
회사원	매일 현장 작업을 점검한다 사무실 업무도 관리한다	시간에 쫓겨 밥도 제대로 못 먹어 위염까지 생겼다
대학생	데이트한다 아르바이트한다	
취업준비생		체력이 떨어져 쓰러지기까지 했다
예비 신랑 신부		

[보기] 매일 현장 작업을 점검하랴 사무실 업무 관리하랴 시간에 쫓겨 밥도 제대로 못 먹다 보니 그로 인해 위염이 생긴 것 같다.

과제 1 읽고 쓰기

다음 글을 읽고 질문에 답하십시오.

공교육의 문제점 및 한계점이 부각되면서 최근 탈 학교 운동이 일어나고 있다. 전통적인 학교 교육의 대안으로 나온 대안 학교와 홈 스쿨링(home schooling)이 그것이다.

대안 교육은 인간적인 교육, 열린 교육, 공동체 교육, 새로운 교육 등의 표현에서 알 수 있듯이 다양한 방식으로 이루어지고 있다. 한국의 대안 학교 역사는 비교적 짧은 편이나 유럽에서는 20세기 초부터 이미 대안 교육 기관이 출현했고 1960년대 이후 세계 도처에 여러 형태의 대안 학교가 등장했다.

홈 스쿨링은 학교 교육을 비판하고 불신하는 부모들이 자녀를 집에서 직접 가르치는 교육 방식이다. 이런 교육의 확산과 발전은 학교 본위 공교육에 대한 학부모들의 반란이 시작되었음을 말해준다.

미국에서는 부모가 자녀를 어떻게 가르칠 것인가를 선택할 권리와 의무가 있다는 주장을 인정하여 교육이 반드시 국가의 기준을 따를 필요가 없다고 하였다.

요즘 한국도 정규 학교에 보내지 않고 홈 스쿨링을 선택하는 가정이 늘고 있다. 입시 위주의 획일적인 교육, 학교 폭력 등 이런저런 이유로 학교를 떠나는 학생들이 한 해 무려 7만 명이 넘는다고 한다. 게다가 첨단 정보 통신의 발달로 사이버 교육이 활성화되어 홈 스쿨링은 점점 늘어날 전망이다.

01 위 글은 무엇에 대한 글입니까?

❶ 전통적인 학교 교육 방식　　❷ 새로운 형태의 교육 방식
❸ 공교육의 문제점　　❹ 사이버 교육의 필요성

02 서로 관계있는 것끼리 연결하십시오.

전통 학교 교육 •	• 제도 밖 학교 교육
대안 학교 교육 •	• 재택 교육
홈 스쿨링 교육 •	• 제도권 학교 교육

03 한국에서 홈 스쿨링이 왜 늘고 있습니까?

한계점　부각되다　도처　불신하다　반란　획일적이다　첨단　활성화

04 대안학교와 홈스쿨링의 성공사례입니다. 읽고 이야기해 봅시다.

박솔미(19세)	김석형(17세)	이상연(19세)
• 중2 자퇴 • 홈 스쿨링 • 검정고시로 중졸, 고졸 자격 취득 • '우리들은 학교에 안 가요'란 캠프 기획 참여 • 그린피스의 고래 보호 운동 참여 • 뮤직비디오 애니메이션 제작 • 현 한국예술종합학교 영상이론과 1학년	• 고1 자퇴, 대안 학교 입학 • 다양한 동아리 활동과 여행 많이 함 • 기숙사 생활 • 방학 때 미용 학원 수강, 관련 대학 진학 준비 중	• 중3 자퇴 • 대안 학교 재학생 • 재활용품으로 연주하는 '노리단'의 공연팀장 • 재활용품을 이용한 발명품 대회 입상

1) 세 학생의 공통점을 이야기해 봅시다.

2) 세 학생의 장래 희망을 추측해 말해 봅시다.

3) 대안 학교와 홈 스쿨링이란 교육 형태에 대해 어떻게 생각합니까? 장단점에 대해 이야기해 봅시다.

05 여러분의 학교 생활을 되돌아보고 바람직한 학교 교육은 어떤 것이라고 생각하는지 정리하여 글을 써 봅시다.

나는 학교가 이래서 좋았다	나는 학교가 이래서 싫었다		바람직한 학교
		→	

↓

과제 2 듣고 말하기 [CD2:15]

01 다음 결과를 보고 이야기해 봅시다. 여러분은 잘못했을 때 어떤 처벌을 받았습니까?

학교 체벌을 받은 경험	학교 체벌을 받았을 때 느낌
자주 있다 : 15.8% 가끔 있다 : 63.8% 없다 : 20.4%	창피하다 : 32.4% 선생님이 무섭다 : 27.3% 반발심이 생긴다 : 22.8% 사랑받지 못하는 것 같다 : 17.5%

02 체벌의 교육적 효과에 대해 다음 결과를 보고 이야기해 봅시다.

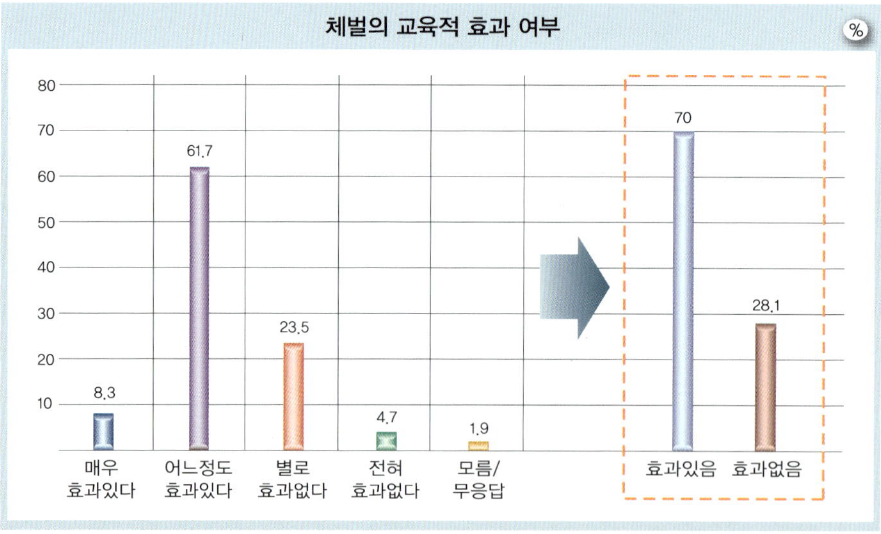

(전국 성인남녀 700명 조사)

03 다음 빈칸을 채우고 입장을 나누어 체벌에 대해 찬반 토론을 해 봅시다.

찬성	반대
•	•
•	•
•	•
•	•
•	•

04 다음 라디오 논평을 듣고 질문에 답하십시오.

1) 이 논평에서 주장하는 바는 무엇입니까?

❶ 체벌의 존폐에 대한 논의가 시급하다.
❷ 체벌에 대한 다양한 연구가 필요하다.
❸ 교육의 개선을 위해서는 교사 역할이 가장 중요하다.
❹ 교사, 학부모, 학생간의 애정과 신뢰를 회복해야 한다.

2) 체벌의 부정적 결과는 무엇입니까?

❶ 교사나 부모에 대한 반발심이나 적개심을 유발한다.
❷ 인격적인 모욕을 느끼게 할 수 있다.
❸ ....
❹ ....
❺ ....

05 어떤 경우에 체벌이 교육적 효과가 있었습니까? 여러분은 어떻게 생각합니까?

반발심 **적개심** **유발하다** **인격적** **모욕** **통제하다** **일관성** **훈육** **비행** **존폐**

02 평생 학습

학습 목표 ● 과제 평생 학습 프로그램에 대해 조사하여 발표하기, 평생 학습 계획에 대해 발표하기
● 문법 -는 만큼, -지 않고서는 ● 어휘 평생교육

현재의 생활이나 미래의 생활을 위해 배우고 싶은 것이 있습니까?

2007년 교육부 선정 주말 평생교육 프로그램

기관명	프로그램명	연락처
은평구 건강가정지원센터	신명나는 가족 풍물패	02-376-3759
고려대학교 박물관	문화예술 감상과 비평적 글쓰기	02-3290-1513
일성여자중고등학교	이야기 속 고사성어를 통한 한자 실력 키우기	02-716-0069
정맹룡 도예공방	가족공동체를 위한 다양한 공예 체험	051-747-1062
백양종합사회복지관	그림을 통한 우리 가족 심리 알아가기	051-305-3048
외암 도예촌	주말 도자기 체험 학습	041-534-0127
전북대학교 평생교육원	한국화 채색 익히기	063-288-0073

위 프로그램 내용에 대해 이야기해 봅시다.

대화

CD2:16~17

정희 길 건너 시립 도서관에서 이번 달 평생 교육 프로그램 수강생을 모집한다는 광고가 났어요. 수강료도 무료이던데요.

리에 뭐 배우려고요? 저도 주말에는 쉬니까 뭘 좀 배울까 하고 있었는데…

정희 저는 독서 논술 강좌를 들을까 해요. 공부해 두면 여러모로 쓸모가 많을 것 같아요. 나중에 아이가 생기면 아이 가르치는 데도 도움이 될 것 같고요.

리에 우리 하숙집 아주머니는 구청 복지관에서 한복하고 조각보를 배우신다고 하더라고요. 벌써 중급 과정은 끝내고 고급 과정이래요. 지도자 과정까지 마칠 계획이신가 봐요. 연세도 많으신데 열의가 대단하세요.

정희 멋있는 분이네요. 요즘은 나이가 들어서도 끊임없이 배우고 자신을 계발하려는 사람이 많아진 것 같아요.

리에 맞아요, 그렇게 하지 않고서는 삶의 질이 향상되기 어렵죠. 다양한 학습 기회를 제공해 주는 평생 교육이 이제는 필수적인 것이 된 것 같아요.

정희 그래요. 평균 수명이 길어진 만큼 의미 있는 노후 생활을 위해서라도 뭔가 준비를 해야겠죠.

01 두 사람은 무엇에 대해 말하고 있습니까? (　　　)

❶ 노후 생활　　❷ 평균 수명
❸ 한복 만들기　　❹ 평생교육

02 정희 씨가 배우고 싶어 하는 것은 무엇입니까? 그리고 그 이유는 무엇입니까?

03 위 대화 내용에 대해서 보기와 같이 이야기해 봅시다.

[보기] 가 : 정희 씨네 동네 도서관에서는 책만 빌려 주는 것이 아니라 무료로 평생 교육 프로그램도 운영하나 봐요.
나 : 무료라서 좋겠네요. 어딘지 알면 저도 가서 배울 텐데요.

열의　끊임없이　계발하다　삶의 질　평균 수명　노후 생활

어휘 평생 교육

01 다음 표현을 익히고 빈칸에 알맞은 말을 골라 쓰십시오.

평생교육 영역	평생교육 유형에 따른 평생교육기관
• 기초 및 교양 교육 • 전문 교육 • 여가 교육 • 생활 교육	• 원격 교육 – 방송 통신 대학교 – 디지털 대학교/사이버 대학교 • 면대면 교육 – 구청 복지관 – 시립(도립) 도서관 평생 교육 센터 – 지역 평생 학습관 – 백화점 문화 센터 – 대학 부설 사회 교육원/평생교육원

1) 평생교육이란 삶의 질을 향상시키기 위해 태교에서부터 시작하여 전 생애에 걸쳐 개인적 · 사회적 · 직업적 발달을 성취하는 과정이다. 평생교육의 영역은 국민 생활에 필요한 기초 학습을 위한 (   ), 직업 기술 교육이나 대학 수준 이상의 (   ), 여가의 교육적 활용을 위한 (   ), 인간관계나 사회생활, 가정생활을 위한 (   ) 등으로 나눌 수 있다.

2) 가르치는 사람과 배우는 사람이 물리적으로 떨어져 있는 상태에서 행해지는 (   ) 은/는 둘 사이의 상호 작용을 위해 다양한 매체를 사용한다. 이 점이 얼굴을 마주 대하고 행해지는 (   )과/와 다른 점이다.

3) 면대면 교육 기관인 구청 복지관이나 평생교육 센터, (   ), (   ) 등에서는 다양한 강좌를 개설하여 국민에게 건전한 여가 선용 및 자아 계발의 기회를 제공한다.

02 여러분은 어떤 평생교육에 관심이 있습니까? 위 표현을 사용해 보기와 같이 이야기해 봅시다.

[보기] 가 : 다음 주부터 구청 복지관에서 중국어를 배우려고 해요.
나 : 저는 내년에 방송 통신 대학교에 갔으면 해요. 직접 강의를 들을 수는 없지만 일하면서 공부할 수 있으니까 좋을 것 같아요.

문법

01 다음 글을 읽고 문법 및 표현을 익혀 봅시다.

미래 사회는 쉽게 예측하기 어려운 불확실한 사회이고, 또한 사회 각 부문의 분화가 심화되어가는 동시에 다양한 기회가 열려 있는 **사회인 만큼** 새로운 지식과 기술을 **습득하지 않고서는** 제대로 대처하기 어렵다. 이러한 상황 속에서 평생 교육은 삶의 전 과정을 통하여 생활의 질을 향상시키고 나아가 다양한 학습 기회를 평등하게 보장해 준다. 뿐만 아니라 인간의 내면에 존재하는 배움에 대한 열정을 이끌어내고, 삶의 의미와 목적을 실현해 나가는 데에 기여할 것이다.

-는 만큼

1) 다음을 연결하고 보기와 같이 이야기해 봅시다.

현대 사회는 실력과 능력이 중시되는 사회이다 •	• 시간에 쫓기는 직장인들에게 인기가 있다
원격 대학은 시간과 장소에 구애받지 않고 공부할 수 있다 •	• 누구나 경제적인 부담 없이 원하는 교육을 받을 수 있다
구청 복지관은 수업료가 싸다 •	• 지속적인 정보 습득과 학습이 필요하다
최고의 선수들이 모이다 •	• 효율적인 노년층 교육 프로그램을 더 많이 확보해야 한다
이제 대한민국도 고령화 사회에 들어섰다 •	• 훌륭한 경기를 펼칠 것이라 기대가 큽니다

[보기] 현대 사회는 실력과 능력이 중시되는 사회인 만큼 지속적인 정보 습득과 학습이 필요하다.

-지 않고서는

2) 빈칸을 채우고 보기와 같이 조언해 봅시다.

조언 대상	조언
새로운 정보 습득에 관심이 없는 젊은이	지식 정보화 사회에서 살아남을 수 없다
예습, 복습을 하지 않는 학생	어떤 내용인지 정확히 이해하기 어렵다
자신은 책을 안 읽으면서 아이가 책을 안 읽는다고 아이를 나무라는 부모	
민생에 관심이 없는 정치가	
노후 준비를 하지 않는 중년	

[보기] 새로운 지식과 정보를 습득하지 않고서는 지식 정보화 사회에서 살아남을 수 없을 것입니다.

02 빈칸을 채우고 '-는 만큼', '-지 않고서는'을 사용해 보기와 같이 이야기해 봅시다.

현상	대책	조언
농촌에서는 결혼하는 커플 네 쌍 중 한 쌍이 국제결혼을 한다	다문화 가정의 자녀를 위한 프로그램	언어와 학습 부진을 개선시킨다 / 한국인으로서의 정체성 확립이 어렵다
맞벌이 부부가 늘어났다	아이들을 돌봐주는 다양한 성격의 방과후 교실	다양하고 체계적인 프로그램을 갖춘다 / 부모와 아이들의 호응을 얻기가 힘들 것이다
경험 많고 체력 좋은 노인이 많아졌다	노인들을 위한 일자리	

[보기] 농촌지역에서는 네 쌍 중 한 쌍이 국제결혼을 하는 만큼 다문화 가정의 자녀를 대상으로 운영하는 프로그램이 필요합니다. 언어와 학습 부진을 개선시키지 않고서는 한국인으로서의 정체성 확립이 힘들 것입니다.

과제 1 읽고 말하기

다음 글을 읽고 질문에 답하십시오.

(가능성이 무궁무진 ➜ 대학 부설 평생교육원) 이화여자대학교 평생교육원 sce.ewha.ac.kr / 연세대학교 사회교육원 www.extension.yonsei.ac.kr

학교는 이제 학생들만의 공간이 아니다. 우수한 교육 인력과 시설을 갖춘 대학 안에 있어 지역 주민이 쉽게 접근할 수 있고, 대학 시절 캠퍼스를 회상하며 못다 한 공부를 즐길 수 있다.

(㉠ ➜ ⓐ) 현대백화점 문화센터 culture.ehyundai.com / 신세계백화점 문화센터 culture.shinsegae.com

한때 여유 있는 전업주부들의 취미활동 공간으로 인식되어 노래 교실, 꽃꽂이, 홈 패션, 한지 공예 등의 취미 강좌를 통해 주부들이 모여 친교를 나누고 스트레스를 푸는 곳으로 인기를 끌었지만 요즘은 이곳을 찾는 이들의 성향이 크게 변했다. 부동산과 주식 등 재테크를 비롯해 취업과 창업을 위한 기능 교육, 자격증 교육 등 실질적인 교육으로 바뀌고 있다. 평생 학습에 대한 인식이 확산된 만큼 그 계층도 더욱 넓어지고 있다.

(㉡ ➜ ⓑ) 국립현대미술관 www.moca.go.kr / 국립중앙박물관 www.museum.go.kr

작품이나 유물을 감상하는 것으로 그쳤던 공간이 참여하고 경험하는, 살아있는 평생 학습 공간으로 바뀌고 있다. 공간과 전문 인력이 잘 갖추어져 있어 더욱 전문적인 평생 학습이 가능한 곳으로 주목받고 있다

(㉢ ➜ ⓒ) 한국노인대학복지협의회 www.ksu.or.kr

수명이 길어지고 건강이 좋아지면서 노인 교육의 중요성도 커지고 있다. 노인들의 삶의 만족도를 높이고 노인 인력을 활용하기 위해서는 노인 교육이 필수적이다.
이곳에서는 기본적인 읽기 · 쓰기 교육부터 IT교육, 직업 교육까지 다양한 프로그램이 있다.

(㉣ ➜ ⓓ) 서울사이버대학교 www.iscu.ac.kr / 사이버평생대학원 www.grad.knou.ac.kr

이곳의 강점은 언제 어디서나 얼마든지 들을 수 있다는 것이며 질 높은 수업을 별다른 경쟁 없이 들을 수 있다는 것이다. 물론 학기당 약 100만 원선의 저렴한 학비도 매력적이다. 그리고 부족한 커뮤니케이션을 보충하도록 게시판, 채팅 사이트 등을 이용해 문제점을 해결해 나가고 있다.

(㉤ ➜ ⓔ) .... ⓔ .... www.knou.ac.kr

이곳은 우리나라 최초의 원격 교육 기관이다. 저렴한 학비로 전국 어디서나 참여할 수 있고 학업과 직업을 병행할 수 있다는 장점을 가지고 있다. 또한 인터넷을 활용하지 못하는 어른들도 TV와 라디오만으로 수업이 가능하다. 가장 대표적인 평생 학습 기관으로 자리잡고 있다.

(㉥ ➜ ⓕ) 한국교육개발원 학점은행제 edubank.kedi.re.kr

이 제도는 고등학교 졸업자가 정규 대학에 다니지 않아도 전문 또는 학사 학위를 취득할 수 있는 평생 학습 제도이다. 학점이 인증되는 기관에서 받은 교육이나 자격증 등을 학점으로 인정한다.

무궁무진 친교 비롯하다 그치다 보충하다 취득하다 인증되다

01 위 글의 ㉠~㉥은 각 평생 학습 기관의 특징을 설명하는 말이고, ⓐ~ⓕ는 설명에 어울리는 평생 학습 기관들입니다. 빈칸에 알맞은 말을 보기에서 골라 쓰십시오.

〈설명〉	⇒	〈평생 학습 기관〉
[보기] 공부에 접속하다		[보기] 박물관 · 미술관
아줌마 파워의 원천		노인 대학
TV를 켜면 수업이 시작된다		사이버 대학
인생은 60부터		백화점 문화 센터
~~가능성이 무궁무진~~		학점 은행제
박물관은 살아있다		방송 통신 대학
미래를 위해 학점을 저축한다		~~대학 부설 평생교육원~~

02 여러분 나라에는 어떤 평생 학습 기관들이 있습니까? 없다면 어떤 평생 학습 기관이 있었으면 좋겠습니까? 이야기해 봅시다.

03 여러분이 배우고 싶은 것을 생각해보고 그 활동을 할 수 있는 평생학습 기관이나 프로그램, 홈페이지 등을 보기와 같이 조사하여 간단히 소개해 봅시다.

[보기] 장애 어린이 미술교실 – 서울 시립 미술관 – seoulmoa.seoul.go.kr
커피 전문가, 티 전문가 – 이화여자대학교 평생 교육원 – sce.ewha.ac.kr
온라인 문화 예술 강좌 – 디지털 문화 예술 아카데미 – www.artnstudy.com
미술 심리 치료, 홈 베이킹 – 연세대학교 사회 교육원 – www.extension.yonsei.ac.kr

과제 2 읽고 말하기

다음 사설을 읽고 질문에 답하십시오.

(가) 자식들에게 의존하며 살아가는 전통적인 모습을 거부하고 자기 계발에 열중하는 노년층이 최근 급속도로 증가하고 있다. 젊은이 못지않은 에너지를 지닌 이들 '신세대 노년층'은 인터넷 서핑, 온라인 결제, 그리고 블로그 만들기에 이르기까지 PC 다루기에도 능숙하다. 건강상의 이유뿐만 아니라, 취업을 위해 외국어 공부에 도전하는 노년층도 많다고 한다.

(나) 이 같은 노년층 교육 붐으로 부산의 각 구청 정보화 교육장은 늘 만원이다. 구청 주관의 노년층 대상 정보화 교육도 접수가 시작되자마자 바로 마감되는 사례가 허다하다. '연령에 관계없이 노년층도 지식과 기술을 습득하고자 하는 욕구를 가지고 있다'는 교육 이론이 입증되는 현상이다.

(다) 노년층이 자아 실현을 목표로 한 교육 프로그램에 적극적으로 참가하고 있다는 사실은 '고령화 시대'를 맞아 반가운 현상이 아닐 수 없다. 과거의 노년층 교육은 교육적 측면보다는 단순히 여가활동을 하는 정도에 지나지 않았다. 또 지침이 될 만한 교육 모델도 없이 즉흥적으로 운영되는 예도 많았다.

(라) 이제 우리 사회는 평생 학습 사회로 접어들었다. 그리고 노년층의 경제적, 교육적 역량도 향상됐다. 그런 만큼 인기가 있는 교육 프로그램을 더 많이 확보해야 한다. 노년층 교육의 사회적 인식을 높이는 것도 절실한 과제다. 노년층 교육을 복지 서비스의 일부로 간주하기보다는 사회 교육과 평생교육 차원에서 접근하는 것이 필요하다.

[출처: 부산일보 2007. 9. 29]

01 위 사설의 제목으로 적당한 것을 고르십시오.

❶ 노년층 대상 정보화 교육
❷ 노년층의 자기 계발과 평생교육
❸ 노년층 여가 선용을 위한 교육
❹ 노년층을 위한 교육 모델

02 위 사설의 내용을 요약해 봅시다.

1) 각 단락의 핵심 단어를 정리해 보고 핵심 단어를 이용하여 중심 내용을 써 보십시오.

단락	핵심 단어	내용
(가)	자기 계발, 신세대 노년층	자기 계발에 열중하는 신세대 노년층이 늘고 있다.
(나)		
(다)		
(라)	평생 학습 사회	

Ⅲ. 과제

좌담회를 해 봅시다.

한국의 대학 입시 제도와 여러분 나라의 입시 제도를 비교해서 이야기해 봅시다. 그리고 바람직한 입시 제도에 대해 이야기해 봅시다.

문화

배움과 선비

선비는 학식과 인품을 지닌 사람을 가리키는 말로써 특히 유교 이념을 지키고 따르는 사람을 이른다. 타고난 신분이나 사회적 지위보다는 깊은 철학과 이치를 익히고 행할 줄 아는 그 사람의 인격적인 측면이 중요하다.

선비는 중국의 '사(士)'와 같은 뜻을 가졌다고 볼 수 있는데, 삼국 시대 초기부터 유교 문화가 들어오면서 선비에 대한 개념이 형성되기 시작했고, 세 나라 모두 국립학교를 세워 선비들을 배출하였다. 고려 시대에는 교육 제도와 관료제가 한층 정비되어서 학문을 익힌 선비들이 관직으로 진출하였다. 유교가 나라의 통치 이념이었던 조선 시대가 되면서 선비들은 비로소 핵심적인 역할을 하게 되었다.

선비들의 생애를 살펴보았을 때 가장 두드러진 특징 두 가지는 학업과 벼슬살이이다. 학문을 닦는 것이야말로 선비가 평생 동안 해야 할 일이었다. 그래서 옛 글이나 그림 등에서 묘사되는 선비의 전형적인 모습도 책상 앞에 앉아 글을 읽고 있는 모습이다. 선비들이 이렇게 학문에 정진한 것은 단지 지식을 많이 얻기 위한 것이 아니라 도리를 깨우치고 이를 삶에서 실천하여 완성된 인격체가 되기 위함이다. 그러므로 선비는 단순한 학자나 문장가 이상의 의미를 갖는다.

학문을 익히고 도리를 깨우치는 것이 개인적이고 정신적인 일이라면 관직에 나아가 벼슬살이를 하는 것은 배운 것을 사회적으로 실천하는 일이다. 선비들은 과거를 보고 관료가 되었는데 여러 관직 중에서도 언론이나 역사 또는 학문을 논하는 직책을 영예로 알았다. 이들은 관직에 나아가서도 자신이 맡은 일이 정도에 어긋나거나 임금이 자신의 간언을 받아들이지 않을 때에는 망설임 없이 관직에서 물러나는 모습을 보여 주었다.

관직에 있든 재야에 있든 선비들이 추구하는 가치는 같았다. 인(仁)과 의(義)가 선비 정신의 핵심이었고, 임금에 대한 충성과 부모에 대한 효도와 같은 덕목들이 생활 지침이 되었다. 그래서 나라가 위기에 처했을 때에는 많은 선비들이 의병을 일으켜서 외적을 물리치고 나라를 구하는 데 생명을 바치기도 하였다.

1. 선비란 어떤 사람을 말합니까?

2. 선비의 본분을 정신적인 측면과 실천적인 측면에서 이야기해 보십시오.

3. 여러분 나라에서 역사적으로 존경 받는 삶은 어떤 것입니까?

문법 설명

01 -으랴/랴-으랴/랴

여러 가지 일을 나열하면서 그러한 일들을 두루두루 하느라 애씀을 나타낸다.

- 범인 잡으랴 주민의 안전을 지키랴 경찰은 늘 시간에 쫓긴다.
- 고객 접대하랴 프레젠테이션 준비하랴 하루 종일 차 한 잔 마실 틈도 없었다.
- 공부하랴 아르바이트하랴 몸이 두 개라도 모자랄 지경이다.
- 빨래하랴 설거지하랴 손에 물이 마를 날이 없다.

02 -으로/로 인해

조사 '으로/로'와 동사 '인하다'가 함께 쓰여 어떤 상황이나 사태에 대한 원인이나 이유가 됨을 나타낸다.

- 이번 지진으로 인해 목숨을 잃은 사람이 100명을 넘어섰다.
- 시험 중의 부정행위로 인해 시험 응시 자격을 박탈당했다.
- 대학 졸업자가 많다 보니 그로 인해 고학력 실업자가 늘어났다.
- 젊은이들이 도시로 이주하다 보니 그로 인해 시골은 점점 인구가 감소하고 있다.

03 -는/은/ㄴ/인 만큼

뒤 내용이 앞의 내용과 비슷한 정도나 수량임을 나타내거나 앞 내용이 뒤 내용의 원인이나 근거가 됨을 나타낸다.

- 인생은 배움의 연속인 만큼 끊임없이 자기 계발을 해야 한다.
- 수강료가 저렴한 만큼 누구나 강좌를 들을 수 있다.
- 늘 잠이 부족한 만큼 시간이 날 때마다 자 둬야 해.
- 지금까지 최선을 다한 만큼 좋은 결과가 있겠지.

04 -고서는

앞선 사실이 당연하거나 꼭 필요함을 강조하여 그렇지 않으면 뒤에 오는 사실이 불가능함을 나타낸다. 이 때 '-고서는 -을/ㄹ 수 없다'의 구성으로 쓴다.

- 성인들의 다양한 학습 요구에 맞추지 않고서는 프로그램이 성공할 수 없다.
- 일을 다 끝내지 않고서는 편히 잘 수가 없다.
- 출입증을 달지 않고서는 방송국에 들어갈 수 없어요.
- 요즘 같은 무더위에는 에어컨을 켜 놓지 않고서는 잠을 이룰 수가 없다.

제9과 자연과 환경

01
제목 | 인간과 자연
과제 | 볼 만한 자연 소개하기
멸종 위기의 생물에 대하여 조사 발표하기
어휘 | 자연
문법 | -으리라 생각하던/이야기하던/말하던, -을 수 없으리만치

02
제목 | 환경 보호
과제 | 대담 듣고 환경 보호의 사례 발표하기
환경문제의 해결책에 대해 토론하기
어휘 | 환경 파괴와 보호
문법 | -을 줄만 알았지, -을 게 아니라

03
정리해 봅시다

문화
한국의 땅 - 한반도

01 인간과 자연

학습 목표 ● **과제** 볼 만한 자연 소개하기, 멸종 위기의 생물에 대하여 조사 발표하기
● **문법** -으리라 생각하던/이야기하던/말하던, -을 수 없으리만치 ● **어휘** 자연

위와 같은 자연을 접하면 어떤 느낌이 듭니까?

검은 대륙의 심장, 빅토리아 폭포 [2월 28일(수) 방송]

불곰의 땅, 캄차카 [3월 7일(수) 방송]

세계에서 가장 외딴 산호섬, 알다브라 [3월 14일(수) 방송]

비밀의 정글세계, 마나스 [3월 21일(수) 방송]

KBS는 〈유네스코 세계 자연 유산〉 중에서 가장 아름답고 보존 가치가 높은 네 곳을 엄선, 시리즈로 방송한다.

위 유네스코가 선정한 세계 유산을 소개하는 텔레비전 프로그램 가운데 여러분은 어느 것을 보고 싶습니까? 또 어디에 가 보고 싶습니까?

대화

CD2:18~19

영수 리에 씨, 얼굴이 아주 많이 탔네요. 아 참, 이번 방학에 히말라야에 다녀오셨지요?

리에 네, 꼭 한번 가보리라 꿈꾸던 곳이었거든요. 역시 말로 형용할 수 없으리만치 멋지더군요. 음, 구름 위에 우뚝 솟은 모습이 아직도 눈에 선해요.

영수 등산을 자주 하시는 리에 씨가 그렇게 반할 정도라니 정말 대단한가 보군요.
산을 오르는 일은 언제나 산의 정기와 맑은 향을 느낄 수 있어 좋지요?
리에 씨, 이번에야말로 이런 산의 정기와 향을 만끽하셨겠네요?

리에 글쎄요, 그렇게 즐기기에는 그 자연의 위용과 풍모가 너무 장엄해서요. 뭐랄까 태초 그대로인 자연의 험준한 산세에 눌려 압도당하는 기분이랄까? 인간이란 게 얼마나 보잘 것 없는 존재이던지요!

영수 와, 거대한 자연의 경이로움에 압도되셨군요. 저도 지난 번 아마존에서, 유유히 흐르는 물줄기를 보며 자연이란 결코 인간이 넘볼 상대가 아님을 느꼈거든요.

리에 그럼요, 저는 까마득한 산 정상을 채 못 넘고 흩어져 버리는 새 떼들을 보는 순간 숨이 막히더라고요. 사실 이런 자연과 비교하면 인간이란 존재는 너무 작고 미약한 거 같아요.

01 리에와 영수가 공통적으로 느낀 점은 무엇입니까?

❶ 풍경의 아름다움 ❷ 원시 자연의 깨끗함
❸ 자연의 장엄함 ❹ 자연 파괴의 난폭함

02 리에와 영수가 다녀온 곳은 어디입니까?

리에: ________ 영수: ________

03 위 대화의 내용에 대해서 보기와 같이 이야기해 봅시다.

[보기] 가 : 리에 씨는 이번 방학에 오랫동안 가고 싶어 했던 곳엘 다녀온 거군요.
나 : 네, 그런데 리에 씨는 등산을 자주 하는 사람인데도 몹시 감동을 했네요.

형용하다 솟다 눈에 선하다 반하다 정기 만끽하다 위용 풍모 태초 산세 압도당하다 보잘 것 없다 경이롭다 유유히 넘보다 흩어지다

어휘 자연

01 다음 표현을 익히고 빈칸에 알맞은 말을 골라 쓰십시오.

육지 대륙 산맥 들판 사막 동굴 화산 대양, 빙하 폭포, 호수 샘, 온천	펼쳐지다 떨어지다 생기다 폭발하다 솟다	수려하다 광활하다 장엄하다 황량하다 거칠다 메마르다

1) 저 멀리 시야가 닿는 곳에 길쭉한 산맥이 (　　　　　　)어/아/여 있고 산맥 끝나는 곳에는 메마른 모래 가득한 (　　　　　　)이/가 이어져 풍경은 (　　　　　　)고 황량했다.
2) 이 봉우리는 주변 산에 비해 유독 기묘한 바위와 아름다운 소나무가 많아 (　　　　　　)는/은/ㄴ 모습이 눈길을 끈다. 그리고 뚜렷한 하나의 산줄기가 곧게 뻗어 있는데다 그 우뚝 (　　　　　　)는/은/ㄴ 모습은 장엄하기까지 하다.
3) 눈밭의 만년설과 손에 잡힐 듯 보이는 (　　　　　　)의 분화구에서 뿜어내는 유황, 그리고 노천(　　　　　　)은/는 캄차카에서 즐길 수 있는 때 묻지 않은 자연일 것이다.
4) 들판을 가로 지르는 강은 절벽에서 (　　　　　　)어/아/여 내리는 세찬 (　　　　　　)과/와 만나 큰 물줄기를 이루며 흘러가 종국에는 광활한 바다인 (　　　　　　)에 닿았다.

02 다음 사진을 보고 설명한 후에 여러분이 아는 곳 가운데 자연이 아름다운 곳을 묘사해 봅시다.

문법

01 다음 글을 읽고 문법 및 표현을 익혀 봅시다.

언젠가는 **보리라 생각하던** 사막 탐험 비디오를 드디어 어제 봤다. 히말라야 산맥 아래 얼어붙은 사막이 **믿을 수 없으리만치** 광활하게 펼쳐져 있었다. 그리고 그 속에서 세찬 모래 폭풍을 견디며 살아가는 생물들이 있었다. 물 한 모금 없이도 며칠을 거뜬히 살아가는 낙타의 느긋한 발자국, 모래 위로 맹렬히 기어 다니는 사막 생존자들의 모습은 또 얼마나 필사적이던지! 물 한 모금 없는 사막에서 살아내는 생명력이 경이로웠다.

-으리라 생각하던/이야기하던/말하던

1) 다음을 연결하고 보기와 같이 이야기해 봅시다.

죽기 전에 꼭 한 번 가 보겠다고 생각했다 •	• 동해안 일출을 드디어 내일 볼 것이다.
한국에 살면서 꼭 구경하려고 했다 •	• 백두산 정상에 오늘 오르고야 말았다.
언젠가는 올라보겠다고 이야기했다 •	• 곳에 간다니 잠을 이룰 수가 없었다.
한국에 있는 동안 배우겠다고 말했다 •	• 고마운 은사님을 이제 뵈러 가는 중이다.
성공하면 찾아 뵐 거라고 생각했다 •	• 태권도를 배울 기회가 생겼다.

[보기] 죽기 전에 꼭 한 번 가보리라 생각하던 곳에 간다니 잠을 이룰 수가 없었다.

-을 수 없으리만치

2) 다음을 연결하고 보기와 같이 이야기해 봅시다.

사막 •	• 끝을 알 수 없다 •	• 메마르고 거칠었다.
황무지 •	• 높이를 알 수 없다 •	• 장엄했다.
거대한 빙하 •	• 손가락 하나 까딱할 수 없다 •	• 광활하다.
오늘 하루 •	• 상상할 수 없다 •	• 끔찍하고 잔인했다.
영화 장면 •	• 형용할 수 없다 •	• 피곤하다.

[보기] 그 사막은 끝을 알 수 없으리만치 광활했다.

02 다음 표를 채우고 '-으리라 -던', '-을 수 없으리만치'를 사용하여 보기와 같이 이야기해 봅시다.

언제	생각해 온 일	하게 된 경험	느낌
가을이 가기 전에	단풍 구경을 하고 싶었다	지난 주말, 설악산으로 단풍 구경을 다녀왔다	단풍이 화려하고 아름다웠다
죽기 전에			
한국에 있는 동안			

[보기] 지난 주말에 가을이 가기 전에 다녀오리라 생각하던 단풍 구경을 드디어 다녀왔다. 설악산 만폭동 계곡의 단풍은 붉게 타오르는 모습이 상상할 수 없으리만치 화려하여 모두 잠시 넋이 나간 듯 말을 잃었었다.

과제 1 읽고 쓰기

다음 글을 읽고 질문에 답하십시오.

뜨거운 여름을 동해안에서 즐겼다면, 이제 가을에는 강원도를 대표하는 고원 지역 평창으로 가 보자. 평창은 사시사철 볼거리, 즐길 거리가 많은 곳으로 꼽힌다. 그러나 평창의 정취를 느껴보려면 역시 가을이 제격이다. 점점 서늘해지는 바람을 느끼며 평창으로 떠나 보자. 평창군이 발간한 '평창으로 떠나는 가을 여행' 책자에 소개된 명소를 추려본다. 평창 봉평에서는 16일까지 '소금을 뿌려놓은 듯한' 메밀밭 풍경을 뽐내는 효석 문화제도 열리고 있다.

01 이 글은 어떤 글의 서두일까요?

02 '평창'은 어떤 곳입니까? 맞는 것을 고르십시오.

❶ 강원도의 대표적인 해안 지역으로 유명하다.
❷ 가을 관광지로 유명하고 다른 계절에는 볼 게 없다.
❸ 국토 순례 도보 여행지로 유명한 곳이다.
❹ 가을 메밀꽃밭 풍경이 특히 아름답다.

03 다음은 '평창으로 떠나는 가을 여행'에 소개된 내용입니다.

1) 다음 글을 읽고 보기와 같이 각각의 곳에서 할 수 있는 것을 정리해 봅시다.

• 오대산 일대

오대산은 가을 단풍이 제법 볼만하다. 또 천년 고찰인 상원사, 월정사가 그윽한 분위기를 더한다. 월정사 일주문에서 이어지는 1㎞ 전나무 숲길은 우리나라의 대표적인 풍경이 됐다. 욕심이 더 난다면 월정사에서 상원사로 이어지는 흙길도 걸어볼만 하다. 다만 거리가 8㎞를 넘기 때문에 단단한 마음가짐이 필요하다. 월정사로 가는 입구에 있는 한국 자생 식물원에서는 이름조차 알기 어려운 식물이나 다른 곳에서는 이미 사라진 귀한 풀꽃들을 볼 수 있다.

[보기]

• 단풍 구경
• 절 구경
• 숲길 산책
• 흙길 산책
• 풀꽃 구경

● **대관령 고원지역**

양 떼 목장과 삼양 대관령 목장은 해발 1000m를 넘나드는 고지의 초원에 자리 잡아 이국적인 풍광을 자랑한다. 양 떼, 젖소들이 평화롭게 풀을 뜯는 모습은 고즈넉한 분위기를 자아낸다. 삼양 목장 안 동해 전망대에서는 동해와 드넓은 목장을 한눈에 볼 수 있다. 영동 고속도로 옛 대관령 휴게소에서 선자령으로 이어지는 등산로는 광활한 초원의 파노라마를 즐길 수 있다. 인근에 있는 진부면 척천리의 방아다리 약수는 미네랄이 풍부해 신경통, 피부병 등에 효과가 있다고 한다.

● **봉평의 메밀꽃밭**

소설가 이효석의 고향인 봉평 일대에는 메밀밭이 지천이다. 보기만 해도 마음이 차분해지는 하얀 메밀꽃밭의 정경은 가을에 어울린다. '효석 문화 마을'이라는 이름으로 평창군이 조성해 놓은 볼거리도 많다. 물레방아, 섶다리, 장터 등은 옛 정취를 살려낸다. 또 이효석 문학관에서는 이효석의 작품과 그가 살던 시대를 느껴볼 수 있다. 요즘은 효석 문화제 기간이어서 많은 관람객들이 시끌벅적한 풍경을 연출하고 있다.

● **별보기와 허브 나라**

가을은 하늘이 가장 청명한 계절이다. 청정 지역 평창이라 별 보기에는 최고이다. 그냥 밖에 나가 하늘을 올려다보면 무수한 별무리가 보인다. 가을에는 직녀성, 견우성이 눈에 잘 띈다. 밤하늘 은하수를 바라보며 상상의 바다를 헤엄쳐보자. 별자리 지도를 미리 갖추면 더욱 좋다. 봉평 효석 문화마을에서 가까운 허브나라는 요리, 향기, 공예, 약용, 미용, 명상 등을 테마로 100여종의 허브를 가꾸며 선보이는 명소이다.

•
•
•
•

•
•
•

•
•

2) 여러분은 어디에 가겠습니까? 왜 그렇습니까? 이야기해 봅시다.

04 여러분이 아는 유명한 곳을 보기와 같이 정리하고 위 글처럼 소개하는 글을 써 봅시다.

[보기] 오대산 일대

□ 볼 거리 : 가을 단풍
천년 고찰(상원사, 월정사)
한국 자생 식물원(월정사 입구)의 희귀 식물, 풀꽃

□ 즐길 거리 : 전나무 숲길(월정사 일주문까지) 산책
흙길(월정사–상원사) 산책

과제 2 읽고 발표하기

다음 글을 읽고 질문에 답하십시오.

뉴질랜드의 생물학자 링클레이터 박사가 이끄는 국제 연구팀이 코뿔소가 멸종 위기에 처하게 된 원인을 밝혀냄으로써 앞으로 멸종 위기에 처한 동물들을 구할 수 있는 희망을 갖게 되었다고 뉴질랜드 일간지가 29일 보도했다. 이 신문은 검은 코뿔소의 경우 수컷만 많이 태어나는 것이 암컷의 혈당 수치 때문이라는 가설을 검증해냈다면서 그같이 밝혔다.

링클레이터 박사는 얼룩말, 고릴라, 기린 등 대부분의 동물이 우리에 갇힌 상태에서는 특히 수컷이 많이 태어난다며 일부 동물들이 멸종 위기에 처하게 된 것은 종족을 번식시켜 줄 암컷이 부족하기 때문이라고 말했다.

그는 검은 코뿔소가 우리에 갇힌 상태에서 낳는 새끼는 71% 정도가 수컷이고 검은 코뿔소를 새로운 보호 구역으로 옮겨놓은 후에도 수컷이 더 많이 태어났다고 밝혔다. 현재 검은 코뿔소는 아프리카 동부와 남부 지역에 3천150마리 정도가 야생 상태에서 살고 있고, 사람들의 보호 아래서 살고 있는 코뿔소는 전 세계적으로 250마리가 있다. 사람들의 보호 아래에 있는 코뿔소는 이런 성비의 불균형이 해소되지 않을 경우 10년에서 15년 뒤에는 멸종될 것으로 관측되고 있다.

링클레이터 박사는 동물원이나 보호 구역 속에 옮겨다 놓은 코뿔소는 글루코오스 수치가 높아지는 것으로 나타났다면서 "새끼를 가진 암컷이 스트레스를 받거나 설탕이 많이 든 먹이를 먹거나 비만일 경우 글루코오스 수치가 높아지고 이것이 모체에 나쁜 영향을 미치게 되는데 특히 암컷 태아에게는 치명적"이라고 말했다.

01 위 기사의 제목으로 적절한 것은 무엇입니까?

❶ 뉴질랜드 과학자, 동물들의 멸종 비밀 밝혀내
❷ 검은 코뿔소의 성비 불균형 해소 위해 노력하기로
❸ 국제 연구팀의 연구로 멸종 시기 예측 가능해져
❹ 야생 상태가 동물에게 미치는 영향 밝혀내

02 다음은 '희귀종인 검은 코뿔소 암컷의 혈당 수치가 수컷들만 많이 태어나는 원인이 되고 있다는 이론' 을 요약한 것입니다. 에 알맞은 말을 쓰십시오.

	→	• 스트레스 • 설탕 포함된 식품 • 비만	→		→	암컷 태아에게 치명적인 영향 끼침	→	암컷 감소

03 검은 코뿔소처럼 멸종 위기에 있는 생물의 예입니다. 또 무엇이 있는지 이야기해 봅시다. 그 밖에 멸종 위기에 있는 것(언어 등)에 대해서 이야기해 봅시다.

호랑이

수달

고라니

반달곰

코알라

저어새

천문

월귤

죽백란

금강초롱꽃

04 멸종 위기에 있는 것 가운데 하나를 골라 보기와 같이 정리하여 발표해 봅시다.

[보기]

항목	조사 내용
이름	수마트라 수달
지역	동남아 일대
현재 상태	1990년대까지 멸종된 것으로 알려짐. 최근 4개의 작은 집단이 통레삽 호수 근처 범람원 숲, 타이의 프루토아 댕 늪지 숲에서 발견됨.
원인	습지 훼손(서식지 파괴), 수질 오염(환경 오염)
대책	서식지 복원

02 환경 보호

학습 목표 ● 과제 대담 듣고 환경 보호의 사례 발표하기, 환경 문제의 해결책에 대해 토론하기
● 문법 -을 줄만 알았지, -을 게 아니라 ● 어휘 환경 파괴와 보호

위 두 사진의 차이점에 대해서 이야기해 봅시다.

위기에 빠진 세계의 주요 강

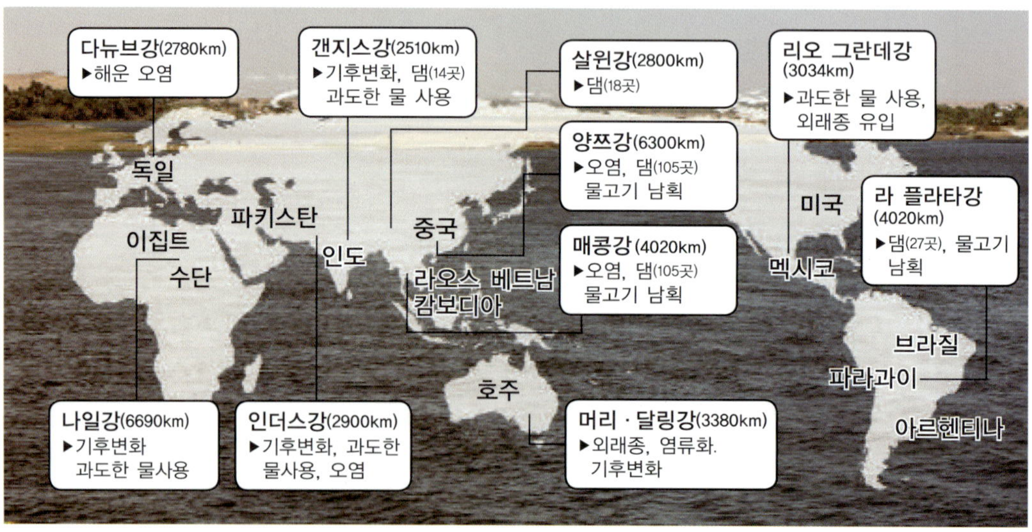

위의 자료를 보고 자유롭게 이야기해 봅시다. 여러분 나라의 강은 어떻습니까?

대화

CD2:20~21

영수 제가 다녀온 곳은 아직 괜찮았지만 아마존의 다른 지역은 많이 훼손이 되었다고 들었어요. 세계 여러 지역에서 개발로 인해 자연환경이 파괴되고 있는 실태가 참 심각하지요.

리에 맞아요. 그동안 우리 인간이 경제 발전을 위해 개발할 줄만 알았지 정작 중요한 우리 삶의 터전이 파괴되어 가는 것에는 무관심했던 것 같아요.

영수 인간의 근시안적인 판단과 무분별한 개발이 무척 걱정스럽습니다. 우리의 후손들에게도 미안한 일이지요. 우리의 환경을 잘 보존해서 물려주어야 할 텐데 말이에요.

리에 무엇보다도 개개인이 친환경적인 사고방식과 생활 태도를 몸에 익혀야 해요. 환경 보호 관련법을 제정하거나, 대체 에너지를 개발하거나 하는 정부 차원의 노력도 중요하지만요.

영수 글쎄요. 개인의 노력보다는 그 심각성을 생각하면 정부나 국제기구 차원에서 해결책이 제시되어야 할 것 같은데요.

리에 저도 그 의견에 어느 정도 동의합니다. 그러나 그렇게 크게만 생각할 게 아니라 당장 일상생활에서 일회용품의 사용을 줄인다든지, 쓰레기 분리수거를 한다든지 하는 작지만 실천적인 노력이 선행되어야 하지 않을까요?

01 이 대화의 중심 내용은 무엇입니까?

❶ 환경 파괴와 보호　　❷ 아마존의 자연 훼손

❸ 환경 파괴의 영향　　❹ 인간의 무분별한 개발

02 환경오염 문제에 대한 영수와 리에의 생각을 각각 연결하십시오.

리에 •　　• 정부나 국제기구 차원에서 해결해야 한다.

영수 •　　• 개인의 구체적이고 작은 노력이 선행되어야 한다.

03 위 대화를 보기와 같이 이어서 이야기해 봅시다.

[보기] 영수 : 개인이 노력하는 것은 문제의 근본적인 해결책이 될 수 없다고 봐요. 아마존의 경우에도 국제기구 차원에서 좀 더 적극적으로 보호했더라면 훼손을 막을 수 있지 않았을까요?

리에 : 그렇게 한다 하더라도 개개인이 나 하나쯤이야 뭐 괜찮겠지 하는 마음으로 생활한다면 무슨 소용이 있겠어요?

훼손　실태　터전　근시안적이다　무분별하다　물려주다　분리수거

어휘 환경 파괴와 보호

01 다음 표현을 익히고 빈칸에 알맞은 말을 골라 쓰십시오.

환경파괴의 원인	환경파괴의 현상	환경보호의 방법
자연 개발 오염 물질 폐수 폐기물 일회용품 배기가스/매연	대기/수질/토양 오염, 소음 공해 오존층 파괴 온실 효과 지구 온난화 이상 기후 해수면 상승 산성비	환경 보호법을 제정하다 개발을 규제하다 대체 에너지를 개발하다 재활용하다

1) 공장과 가정에서 쏟아져 나오는 폐수와 (   )으로/로 인해 (   ) 오염과 토양 오염이 심각해지고 있다. 또한 자동차에서 배출되는 (   )은/는 (   )오염의 주원인이다. 대기 중의 오염 물질로 인한 (   )은/는 토양을 산성화시킨다.
2) 온실 효과에 따라 (   )이/가 진행되면서 세계의 기후가 바뀌고 있다. 전 세계 기온이 상승하여 빙하가 녹고 있으며 그 영향으로 해수면 상승이 진행된다. 이러한 (   )으로/로 몇 십 년 후에는 지구상의 여러 지역이 바닷물에 잠길 것이라고 예측된다. 지구 온난화로 인한 (   ) 현상이 벌써부터 나타나고 있어 한반도는 이제 아열대 기후 지역에 속한다는 분석이 나오고 있다.
3) 세계 각국에서는 자연의 소중함을 깨닫고 (   )을/를 제정하여 개발을 (   ) 하는 등 다양한 노력을 하고 있다. 또한 친환경 연료 등 (   ) 개발에도 박차를 가하고 있다. 자연보호는 어느 한 국가만의 문제가 아니므로 국가 간 협력이 필요하다. 그러나 생활 쓰레기 배출을 줄이기 위해 (   ) 사용을 줄이고 쓰레기를 (   )는 등 개인적인 차원에서의 노력도 병행되어야 할 것이다.

02 위 어휘를 사용해 보기와 같이 환경파괴의 예를 들어 봅시다. 그 원인과 해결책도 이야기해 봅시다.

[보기] 경제 성장과 함께 서울의 인구와 자동차 수가 급격히 증가하면서 서울의 대기 오염 문제가 심각해지고 있습니다. 산 위에서 내려다보는 서울의 모습은 언제나 뿌옇습니다. 저는 자동차의 매연이 가장 큰 원인이라고 생각하는데 이 문제를 해결하기 위해서는 가급적 대중교통수단을 이용하고, 유해 가스 배출 규제를 강화하고, 나아가 친환경적 대체 에너지를 개발해야 한다고 봅니다.

문법

01 다음 글을 읽고 문법 및 표현을 익혀 봅시다.

오늘 아침 신문 기사를 읽고 깜짝 놀랐다. 환경 호르몬으로 인해 수컷 올챙이가 암캐구리로 성이 바뀔 수 있다는 연구 보고서에 대한 기사였다. 게다가 내가 좋아하는 인스턴트 음식의 일회용 용기에서도 환경 호르몬이 검출된다는 사실도 놀라웠다. 그 동안 간편한 일회용품을 즐겨 **이용할 줄만 알았지** 그것이 자연과 인간에 미치는 악영향에 대해서는 별 생각을 하지 못했었다. 오늘 아침 신문기사를 읽고 나서 이제부터는 편리함만을 **따질 게 아니라** 좀 번거롭고 귀찮더라도 환경을 우선적으로 생각해야겠다고 마음먹었다.

-을 줄만 알았지

1) 다음을 연결하고 보기와 같이 이야기해 봅시다.

나무를 베어다 사용하다 •	• 갚을 줄은 모른다.
자연을 개발하다 •	• 타인을 배려하는 마음은 극히 부족하다.
문명의 이기가 가져다주는 편리함을 누리다 •	• 그 폐해를 생각하지는 못했다.
돈을 빌려가다 •	• 심을 줄은 모른다.
자신의 이익을 추구하다 •	• 보호할 줄은 몰랐다.

[보기] 나무를 베어다 사용할 줄만 알았지 심을 줄은 모른다.

-을 게 아니라

2) 다음 상황의 사람에게 보기와 같이 충고해 봅시다.

충고의 대상	충고
오래된 물건은 버리는 사람	무조건 버리다/재활용할 수 있는 것은 따로 모아야 한다
일회용품만 사용하는 사람	편리함만을 추구하다/
20년째 담배를 피우는 사람	백해무익한 담배를 계속 피우다/
회사의 부도 위기 앞에서 속수무책인 경영자	/부도를 막을 수 있는 대책을 강구해 봅시다
자기나라 친구하고만 다녀서 한국어가 늘지 않는 학생	/

[보기] 오래된 물건들을 무조건 버릴 게 아니라 재활용할 수 있는 것은 따로 모아야 합니다.

02 다음 표를 채우고 '-을 줄만 알았지', '-을 게 아니라'를 사용해 [보기]와 같이 이야기해 봅시다.

평소의 생활 모습	자각의 계기	새로운 결심
식당에 가면 항상 음식을 많이 시킨다.	KBC 뉴스 "한 해 음식 쓰레기 15조원. 월드컵 경기장 70개, 지하철 노선 7개"	먹을 만큼만 시키겠다.
편리함을 생각해서 아기에게 항상 종이 기저귀를 채운다.	한국 신문 기사 "종이 기저귀 썩는 데 100년!"	
명품을 좋아하고 멋을 부린다.	내 통장 ₩500,000 / 친구 통장 ₩7,500,000	저축을 열심히 해야겠다.

[보기] 저는 음식 모자라는 게 싫어서 식당에 가면 항상 음식을 많이 시킬 줄만 알았지 남는 음식에 대해서는 아무 생각도 안 했었습니다. 그런데 어제 뉴스를 듣고 깜짝 놀랐습니다. 우리나라에서 한 해 동안 음식물 쓰레기로 인해 버려지는 돈이 15조원이나 된다고 하네요. 이 돈은 월드컵 경기장 70개와 지하철 노선 7개를 만들 수 있는 비용이라는데요. 그 뉴스를 듣고 저는 결심했답니다. 이제부터는 내 기분대로 주문할 게 아니라 꼭 먹을 만큼만 시켜야겠다고 말입니다.

과제 1 듣고 발표하기 [CD2:22]

다음을 듣고 질문에 답하십시오.

01 두 사람의 대화는 무엇입니까?

❶ 토론 ❷ 대담 ❸ 강연 ❹ 상담

02 환경부 장관이 10대 그룹 CEO들과 간담회를 하는 이유는 무엇입니까?

03 진행자가 말하는 두 가지 목적이란 무엇을 가리킵니까?

04 다음은 기업체들의 친환경 경영을 보여주는 신문 기사의 제목입니다. 기사의 내용에 대해서 이야기해 봅시다.

'하늘도 강도 맑은' 부자도시 된 울산

"공해도시 탈출 일등공신은 기업"

市와 환경협정 맺고 3조9천억 원 자발적 투자
24시간 오염감시… 비싸도 LNG 연료 사용
태화강 오·폐수 유입 막아 '맑은 강' 살려내

환경오염 주범? 이젠 '환경 지킴이!'

웅진코웨이 직원들 공장 인근 하천 살리기
엘지 그룹, 환경 분야 가장 먼저 '특화' 시도
지에스 칼텍스 1000억 재단 야심찬 계획

05 이와 같이 환경 보호에 참여하는 기업 중 알고 있는 사례를 조사하여 발표해 봅시다.

모색하다 핵심 간담회 일각 상충되다 상생 차질 국무회의 상정하다

과제 2 읽고 토론하기

다음을 읽고 질문에 답하십시오.

01 다음은 최근 2년간 국내 신문에 실린 기사들의 제목입니다. 기사 내용의 공통점은 무엇일까요?

❶ 기후가 변화하고 있다
❷ 환경 문제가 심각하다
❸ 대기 오염 문제가 심각하다
❹ 지구 온난화가 심각하다

도심 흐르는 빗물 오염도, 공장 폐수의 수십 배

인간 떠난 도시 '방사능이 점령' – 체르노빌 원전 참사 20년

"북극권, 여아가 2배" 환경 재앙인가 –

전자제품 화학물질 태반 흡수 때문인 듯

'생태보고' 하구 습지, 70% 사라져… '개발'에 멍든 강

지구가 뜨겁다

알래스카 도심 '에어컨 가동'
수영복 입고 피서 "10년 전엔 상상도 못한 일"
냉장고도 필수… 지반 힘 잃어 도로 울퉁불퉁

방사능 점령하다 원점 참사 재앙 생태보고 하구 습지 멍들다 지반

02 다음은 이 문제의 해결책에 대한 글입니다. 읽고 질문에 답하십시오.

환경문제에 접근하는 방법은 크게 기술 지향주의와 생태 지향주의, 두 가지로 나뉠 수 있다. 기술 지향주의의 관점에서는 과학 기술이 인간의 삶을 풍요롭게 한다면 자연환경이 악화되거나 생태계가 파괴되는 것은 감수할 수밖에 없다고 생각한다. 이 관점에서는 자연을 정복의 대상으로 파악한다. 그리고 환경 문제는 인간이 발달시킨 과학 기술로 해결할 수 있다고 본다. 친환경 기술 등이 그 예인데 그러한 개발은 또 다른 환경 문제를 야기하기 때문에 비판 받고 있다. 안전도를 확신했던 핵 발전소에서 방사능이 누출된 것이나 인체에 무해한 냉매제로 각광받았던 프레온 가스가 오존층 파괴의 주범으로 밝혀진 것이 그 예이다.

생태 지향주의는 인간이 자연을 지배할 수 있는 위치에 있지 않고 생태계의 일부분이라 보며 인간의 자연 개발에 도덕적 책임을 묻는다. 극단적인 생태 지향주의자는 자연환경을 위해서는 인간이 과학 기술의 개발을 포기해야 한다고까지 주장한다. 그러나 이러한 태도는 두 가지 면에서 비판을 받고 있다. 첫째는 과학 기술의 발달로 인간이 누리고 있는 혜택을 도외시했다는 점이고 둘째는 과학 기술의 발전 없이 자연 보호만으로 현대의 인간 사회가 무사히 운영될 수 있을 거라고 생각하는 점이다.

1) 환경문제에 접근하는 방법 2가지를 정리해 봅시다.

	자연과 인간에 대한 태도	환경 오염의 해결책	단점
기술 지향주의			
생태 지향주의			

2) 여러분은 위의 2가지 접근 방법 중 어느 쪽에 찬성합니까? 입장을 나누어 환경 문제에 대해 토론해 봅시다.

입장	
이유	• • • •

감수하다 정복 냉매제 각광받다 주범 도외시하다

YONSEI KOREAN 5

03 정리해 봅시다

I. 어휘

01 다음을 연결하고 보기와 같이 쓰십시오.

1) 산세 •	• 황량하다
2) 화산 •	• 펼쳐지다
3) 대륙 •	• 떨어지다
4) 사막 •	• 폭발하다
5) 들판 •	• 수려하다
6) 폭포 •	• 솟다
7) 대양 •	• 광활하다
8) 샘 •	• 거칠다

[보기]
산세가 수려하여 그 아름다움에 절로 감탄이 나온다.

2) ....

3) ....

4) ....

5) ....

6) ....

7) ....

8) ....

02 빈칸에 알맞은 말을 골라 쓰십시오.

형용하다 눈에 선하다 반하다 압도당하다 경이롭다 넘보다 만끽하다

1) 태초의 장엄함을 간직하고 있는 산맥의 위용에 (   )고 말았다.
2) 거대하고 웅장한 자연은 감히 인간이 (   )을/ㄹ 수 없는 존재이다.
3) (   )을/ㄹ 수 없으리만치 수려한 자연의 풍모에 넋을 잃었다.
4) 새벽 어둠을 가르고 솟아오르는 태양의 (   )는/은/ㄴ 모습에 입을 다물 수 없었다.
5) 광활하고 무한한 우주 속에 인간은 (   )는/은/ㄴ 존재이다.
6) 모처럼 긴 휴가를 얻어 시골에 내려와 자유로운 전원 생활을 (   )고 있다.

7) 깊은 산골의 맑은 정기를 이어받아 순수하고 맑은 그녀의 눈빛에 (   )었다/았다/였다.

8) 유유히 흘러가는 강 옆으로 펼쳐진 넓은 들판… 하늘 높이 날아오르며 흩어지는 새 떼들… 떠난 지 20년이 넘은 고향의 모습이 아직도 (   ).

03 빈칸에 알맞은 말을 골라 쓰십시오.

실태	터전	수질	대기	제정	폐기물
분리수거	지구 온난화	근시안적이다	무분별하다	물려주다	

인간의 삶의 (   )인 자연이 인간의 (   )는/은/ㄴ 개발로 인해 훼손되고 있다. 환경 훼손의 (   )은/는 매우 심각하다. 각종 폐수로 인한 (   ) 오염, 자동차 배기가스 등으로 인한 (   ) 오염, 일회용품을 비롯한 각종 (   )으로/로 인한 토양 오염 등 인간을 둘러싼 모든 환경이 병들어 가고 있다.

눈앞의 이익만을 생각한 인간의 (   )는/은/ㄴ 태도를 이제부터라도 고쳐야 한다. 자연은 우리 세대의 것이 아니라 우리의 후손으로부터 빌려온 것이므로 잘 보존하여 (   )어야/아야/여야 할 것이다.

그러기 위해서는 쓰레기 (   )과/와 재활용 등 작은 것에서부터 국가 간 협력에 이르는 거시적인 노력까지 모든 방법이 동원되어야 한다. 환경 보호법을 (   )하여 개발을 규제해야 하며 오염 물질을 최소화할 수 있는 대체 에너지 개발에 전력을 다해야 한다. 특히 이상 기후, 해수면 상승 등을 초래하는 (   ) 문제에는 전 지구적 차원의 대처가 필요하다.

II. 문법

다음 문법을 사용하여 밑줄 친 부분을 다르게 표현해 보십시오.

-으리라　　-을 게 아니라　　-을 줄만 알았지　　-을 수 없으리만치

1) 죽기 전에 반드시 가 보겠다고 생각하던 곳에 와 서 있으니 가슴이 벅차오른다. 눈앞에 펼쳐진 경치가 인간의 언어로 형용할 수 없을 정도로 아름답다. 지난 몇 십 년 동안 처자식 먹여 살리느라고 열심히 일하기만 했을 뿐 이런 아름다움을 느끼고 인간과 자연에 대해 사색할 줄은 몰랐다. 이제부터는 그렇게 무미건조하게 살지 말고 아내와 함께 여행도 다니며 노후를 여유롭게 보내야겠다.

2) 환경 관련 기사를 읽다보니 환경 파괴의 실상과 미래의 모습이 상상할 수 없을 정도로 심각하고 끔찍했다. 인간들은 과학과 기술을 이용하여 눈앞의 이익과 편리함만을 위해 자연을 개발하기만 했을 뿐 자연이 파괴되는 것은 미처 생각하지 못했다. 나도 역시 환경에 별 관심이 없었다. 그러나 이제부터는 이익과 편리함만을 추구하지 말고 환경을 우선적으로 생각해야겠다. 우리의 소중한 지구를 무엇보다도 먼저 생각하겠다고 다짐했다.

Ⅲ. 과제

찬반 토론을 해 봅시다.

다음과 같은 환경 보호의 사례가 있습니다. 여러분은 이에 대해서 어떻게 생각합니까?

사례 1	"채식으로 지구를 살리세요." "인간과 동물과 지구를 죽이는 육식은 그만! 건강한 채식 하세요!" "육식으로 인해 수많은 동물이 고통과 신음 속에서 살아가고 있습니다. 진정한 웰빙은 나 자신뿐만 아니라 모든 생명이 서로 존중하며 살아가는 것입니다"
사례 2	"거지가 아니라 '프리건족'입니다" "환경 지키자" 야채, 빵 주워 한 끼 식사 대부분이 중산층 고학력자, "일 적게" 자발적 실업 선택
사례 3	'유명제품' 안 쓰고 1년 살아보니… 재래시장서 쇼핑하고 TV, DVD 시청도 끊어 살 빠지고 은행계좌 흑자로… 환경운동가 다 돼

문화

한국의 땅-한반도

지구의 30%인 육지 중에서 아주 작은 면적을 점한 것이 한반도이다. 한반도는 30억 살 쯤 먹은 늙은 돌로 꽉 찬 땅으로 주변의 중국이나 일본보다 훨씬 오래된 곳이다. 중국은 대륙의 반 정도가 한국과 비슷한 30억 년의 나이를 먹었지만 나머지 반은 4억 내지 5억 년 정도로 매우 젊은 땅이다. 일본 역시 가장 오래된 암석이 4억 내지 5억 년밖에 되지 않는 젊은 땅이다.

중국의 중서부와 남부는 산맥의 연속으로 이루어져 있고, 이들 산맥은 지각 변동이 아주 심한 땅인데 한국에는 이런 변동대가 없다. 따라서 지진의 위험으로부터 어느 정도 안전하다. 그리고 섬나라이면서 호를 이루는 일본은 한반도의 입장에서 보면 지진이나 화산 같은 재난을 막아주는 방파제 역할을 한다.

반도는 육지에서 바다로 나가는 곳이자 바다에서 육지로 이르는 곳일 수 있다. 한반도는 대륙 쪽으로는 중국, 러시아, 유럽으로 나갈 수 있고, 바다 쪽으로는 태평양, 인도양으로 뻗어나갈 수 있는 동북아시아의 관문이다. 일본, 중국을 비롯해서 세계 경제의 5분의 1을 점유하고 있는 지역의 중심에 한반도가 자리 잡고 있다.

서울에서 비행기로 3시간 이내 거리에 인구 100만 명 이상의 도시가 43개다. 동남아시아에서 북미를 오가는 뱃길도 남해안을 통과하는 게 일본 남쪽을 지나는 것보다 빠르다. 시베리아와 유럽을 잇는 대륙 횡단 철도(TSR), 중국 횡단 철도(TCR)가 남북한 관통 철도로 이어지면서 한국이 육로 운송의 시발점이 될 수 있다. 그러기에 한국 경제 규모는 세계 10위권이지만 부산항의 컨테이너 물동량은 세계 5위이다. 인천 공항의 수송 실적도 한국 경제력을 넘어서고 있다.

또한 대륙과 섬, 육지와 바다에 접해 있는 반도라는 공간적 특성은 다양한 문화가 흘러 들어오고, 각각의 문화를 독창적인 형태로 정착시키는 문화를 형성한다. 만물신을 숭상하는 반도 이탈리아가 유태 종교인 기독교를 변형 수용하여 로마 기독교 문화를 형성하였고, 동서양의 접점인 터키 반도는 양대 문명을 통합한 독특한 문화를 형성하였다. 스페인의 이베리아 반도는 이슬람 문명과 서양 문명의 접점으로 한 시대를 이끌어오기도 했다. 이처럼 한반도에 유입된 불교나 기독교나 유교 같은 외국문화 역시 토착 문화와 결합하여 독창적인 문화를 형성하였다. 이 과정에서 유입될 때의 순수한(?) 성격은 점차 사라지게 되고 '비슷하지만 다른' 독창적인 잡종 문화를 형성하게 된다. 이러한 융합의 힘, 창조적인 잡종 문화가 바로 반도의 특성이라고 할 수 있다.

1. 한반도는 어떤 땅입니까?

2. 위 글에서 얘기하는 반도의 특성에 대해 어떻게 생각하는지 이야기해 봅시다.

2. 여러분 나라의 지리적 특성은 어떤지 이야기해 봅시다.

문법 설명

01 -으리라/리라

말하는 사람의 미래에 대한 의지나 추측을 나타내는데 주로 시나 노랫말 같은 운문에 자주 쓰인다.

- 꼭 한 번 해보리라 꿈꾸던 번지 점프를 어제 호주의 한적한 바닷가에서 드디어 해봤다.
- 나이가 들어 생각이 많아지니 그저 앞만 보고 살아가리라 생각하던 시절이 그리웠다.
- 1년 전만 해도 어떻게든 성공해서 잘 살아보리라 다짐하던 남자였는데 사업에 실패한 후에 폐인이 되고 말았다.
- 서랍 속의 반지를 보니 오직 당신만을 영원히 사랑하리라 맹세하던 순간이 떠올랐다.

02 -만치

'-만치'는 앞말과 비슷한 정도나 한도임을 나타내는 조사로 '-만큼'과 의미 차이가 없이 바꿔 쓸 수 있다. 여기에서는 '-을/ㄹ 수 없다'와 결합하여 '-을/ㄹ 수 없을 만큼'의 의미로 '-을/ㄹ 수 없으리만치'가 나왔다. 이것은 '앞의 행동을 할 수 없을 만큼 그 정도로'의 뜻으로 그 다음에 나오는 말의 의미를 강조하기 위해 비유적으로 쓰인 표현이다.

- 그늘 없이 환하게 웃는 모습이 눈을 뗄 수 없으리만치 아름다웠다.
- 문을 나서니 밖에는 한 치 앞을 알 수 없으리만치 짙은 어둠이 깔려 있었다.
- 사흘 밤을 새워 일을 끝내고 침대에 누우니 손끝 하나 까딱할 수 없으리만치 피곤했다.
- 얼마나 맞았는지 누군지 알아볼 수 없으리만치 얼굴이 피범벅이 되어서는 종일을 그 자리에 누워 있었다.

03 -을/ㄹ 줄만 알았지

'-을/ㄹ 줄' 은 어떤 방법이나 사실을 나타내는데 주로 '-을/ㄹ 줄 알다/모르다'의 구성으로 쓴다. 여기에서는 상반되는 상황을 대조적으로 이어주는 '-지'와 결합하여 '-을/ㄹ 줄만 알았지 -을/ㄹ 줄은 모른다(-지는 않는다)'의 표현으로 나왔다. 이 표현은 주어가 앞의 행동만 하고 뒤의 행동은 하지 않는다는 의미를 나타내는데 이 때 뒤의 행동을 하지 않는다는 것을 강조하게 된다.

- 돈을 모을 줄만 알았지 쓰지는 않는다.
- 사랑을 받을 줄만 알았지 줄 줄 모른다.
- 무조건 유행을 따를 줄만 알았지 자신의 개성을 살릴 줄은 모른다.
- 열심히 일할 줄만 알았지 여가를 즐기는 것에는 통 관심이 없다.

04 -을/ㄹ 게 아니라

앞의 내용을 부정하며 대조적으로 뒤의 내용을 강조할 때 쓴다. 앞의 행동을 선택하지 않음을 나타내므로 뒤에는 명령이나 권유의 표현이 나와야 자연스럽다.

- 덮어놓고 야단부터 칠 게 아니라 아이의 말을 먼저 들어보세요.
- 혼자서 고민할 게 아니라 주변 사람들에게 터놓고 이야기하는 게 좋겠다.
- 내수 시장만 파고들 게 아니라 눈을 돌려 해외 시장을 개척하는 방안도 검토해야 할 것이다.
- 무조건 참기만 할 게 아니라 가끔은 화를 내기도 해야 정신 건강에 좋다.

제10과 개인과 공동체

01
제목 | 이웃과 나
과제 | 봉사와 기부에 대한 표어 쓰기
봉사와 기부에 대한 설문 조사 결과 설명하기
어휘 | 봉사
문법 | -다시피 하다, -이라도 -을까 보다

02
제목 | 세계 속의 나
과제 | 국제 봉사의 방법에 대해 발표하기
바람직한 세계화의 실천 방안에 대해 글쓰기
어휘 | 국제기구와 그 활동
문법 | -을 통해, -음으로써

03
정리해 봅시다

- 문화
진정한 부자 - 경주 최 부잣집

01 이웃과 나

학습 목표 ● 과제 봉사와 기부에 대한 표어 쓰기, 봉사와 기부에 대한 설문 조사 결과 설명하기
● 문법 -다시피하다, -이라도 -을까 보다 ● 어휘 봉사

유명인들의 봉사활동에 대해 이야기해 봅시다.

▲ 김복순 할머니

- '우동 할머니' 사랑을 남기고 떠나다
- 평소에도 꾸준히 사랑 베풀다 가시는 길에 평생 모은 재산에 시신 기증까지…
- ○○대 "김 복순 장학 재단 설립"

위 기사를 보고 이웃과 더불어 살아갈 수 있는 여러 방법들을 이야기해 봅시다.

대화

CD2:23~24

정희　민철 씨, 금요일 저녁인데 데이트 안 하세요?

민철　아, 네. 여자 친구가 오늘 공부방에 봉사하러 가서요.

정희　공부방요? 아, 생활이 어려운 집 아이들을 무료로 가르쳐주는 거 말이죠. 저도 대학생 때 해 볼까 했었는데 자신이 없더라고요.

민철　해 보지 그랬어요? 사실, 저도 여자친구랑 같이 대학생 때 했었어요. 그 때는 공부방에 가서 살다시피 했는데 직장 생활하다 보니 틈이 안 나네요. 요즘은 한 달에 만 원씩 결식 아동을 후원하는 재단에 기부를 하고 있어요. 적은 돈이지만 십시일반이라고들 하니까요.

정희　어머, 그래요? 전 왠지 기부는 좀 많은 돈을 해야 한다는 생각이 들어서 생각도 못 했는데…

민철　그렇게 생각하기 쉬운데, 홍수 때 전화로 일이천 원씩 수재 의연금을 내기도 하잖아요. 돈 액수가 문제가 아니라 이웃과 더불어 살아간다는 마음이 중요한 게 아닐까요?

정희　하긴 아무리 가진 것이 없다 해도 나눌 것은 있다고들 하지요. 저도 이제부터 적은 돈이라도 기부할까 봐요.

01 정희 씨와 민철 씨는 무엇에 대해 이야기하고 있습니까?

❶ 민철 씨 여자 친구　❷ 결식 아동 후원 방법
❸ 봉사 활동과 기부　❹ 공부방에서의 봉사

02 민철 씨 여자 친구는 어떤 봉사 활동을 하고 있습니까?

03 위 대화를 보기와 같이 이어서 봉사 활동이나 기부에 대해 이야기해 봅시다.

[보기] 민철 : 그럼 아름다운 재단이란 단체에 가입해 보세요. 거기에서는 1% 나누기 모금 운동을 해요.
정희 : 아름다운 재단요? 인터넷에서 찾을 수 있지요? 1% 나누기란 말이 참 가슴에 와 닿네요.

봉사　결식 아동　후원하다　재단　기부하다　십시일반　수재 의연금　더불어

어휘 봉사

01 다음 표현을 익히고 빈칸에 알맞은 말을 골라 쓰십시오.

아동 보호 시설 장애인 시설 보육원 양로원 입양 단체 무료 진료소 쉼터	저소득층 자녀 장애인 영세민 소년 소녀 가장 독거 노인 노숙자 이주 노동자 결혼 이민 여성	기부 물품 기증 헌혈, 장기 기증 무료 급식 교육 봉사 의료 봉사 노력 봉사

1) 각 지역 동사무소에서는 형편이 어려운 ( ) 자녀를 위한 무료 공부방을 운영하고 있다.
2) 우리 아파트 부녀회에서는 돌봐줄 사람이 없어 어렵게 사는 우리 동네의 ( ) 에게 점심을 제공하고 있다.
3) 의대 학생들과 교수들은 노숙자와 이주 노동자를 위해 무료 진료소에서 주말마다( )을/를 하고 있다.
4) 어머니는 신체가 부자유한 사람들이 사는 ( )에 가서 매주 1회 목욕, 세탁, 청소 같은 ( )을/를 하신다.
5) 부모의 이혼이나 가정불화 등으로 가출한 청소년들을 돌봐주는 곳이 청소년 ( ) 인데 이곳에서는 19세까지 지내며 도움을 받을 수 있다.
6) 부모 없는 어린 아기들이 ( )을/를 통해 새 부모의 품으로 떠나간다.
7) ( )을/를 주기적으로 하면 몸속에 새로운 신선한 피가 다시 생성되기 때문에 건강에 더 좋다고 한다.

02 여러분 나라에서는 이웃을 위해 어떤 봉사 활동을 많이 하는지 위 어휘를 사용해 이야기해 봅시다.

문법

01 다음 글을 읽고 문법 및 표현을 익혀봅시다.

방학 때 2박 3일간 '사랑의 집' 봉사 활동 캠프에 참가할 기회가 있었다. 봉사클럽 회원인 친구는 사람이 모자란다며 나를 거의 **끌고 가다시피 했다.** 사실 난 이 캠프에 참가하기 전에는 이런 소외된 사람들의 삶에 대해 그다지 깊게 생각해 본 적이 없었다. 그런데 부모를 잃었거나 경제적인 어려움 때문에 부모와 살지 못하는 아이들을 보면서 가슴이 아팠다. 작은 가슴에 하나씩 희망의 씨앗을 품고 살아가는 어린 눈망울들을 보면서 그 아이들이 이 사회에서 소외되지 않도록 해야 할 책임감을 느꼈다. 그래서 친구에게 '앞으로도 이런 봉사활동에 시간 날 때마다 **잠깐씩이라도 참가할까 봐**'라고 말했더니 친구는 몹시 기뻐했다.

-다시피 하다

1) 다음 중 알맞은 표현을 골라 빈 곳에 알맞게 쓰십시오.

집을 새로 짓다	굶다	출근하다	기다	밤을 새우다

- 집수리 봉사 활동에 참가했는데 고칠 데가 많아서 집을 새로 짓다시피 했다.
- 독거 노인인 할머니의 건강이 악화되자 사회 복지사가 거의 매일 할머니 집으로 ______________.
- 소년 소녀 가장들에게 희망을 주기 위한 행사 준비로 며칠 동안 ______________.
- 산에서 내려올 때 바위가 너무 미끄러워서 ______________.
- 산더미처럼 쌓인 업무를 처리하느라 요즘은 점심을 거의 ______________.

-이라도　-을까 보다

2) 주어진 표현으로 알맞게 대답하십시오.

가 : 장기 이식을 못해서 죽어가는 이들이 많다는 얘기를 듣고 장기 기증을 하기로 했어요. (헌혈)
나 : 그래요? 그럼 저는 헌혈이라도 할까 봐요.

가 : 이번에 회사에서 사원들을 위한 무료 댄스 교실을 열었는데 같이 배우지 않을래요? (한 달)
나 : 바빠서 오래 할 수 있을지 모르겠지만 ______________________.

가 : 우리 교회에서는 주말마다 깨끗한 환경을 위해 하천 청소 봉사를 실시하고 있는데 누구라도 동참할 수 있어요. (한 주)
나 : ______________________.

가 : 외국인 근로자들에게 한국말을 가르치는 한글 교실에서 자원 봉사할 사람을 찾던데요. (일주일에 한두 번)
나 : ______________________.

가 : 여기 있는 종합 검진을 모두 받으려면 비용이 꽤 비싼데, 어떻게 할 거야? (간단한 검사 한두 가지)
나 : ______________________.

02 다음 상황에 맞게 빈칸을 채우고 '-다시피 하다', '-이라도 -을까 보다'를 사용해 보기와 같이 이야기해 봅시다.

상황	의도
어머니가 편찮으셔서 거의 날마다 어머니 집에 간다	힘들어서 주말은 도우미에게 부탁하려고 한다.
아들이 가수가 되겠다고 거의 매일 노래방에 간다	
친구가 제발 꼭 좀 도와달라고 애원하듯이 부탁했다	

[보기] 어머니가 편찮으셔서 날마다 어머니 집에 가서 살다시피 하는데 힘들어서 주말만이라도 도우미에게 부탁할까 봐요.

과제 1 읽고 표어 쓰기

다음 기사를 읽고 질문에 답하십시오.

최근 기부에 관심을 갖는 상류층이 증가하고 있다. '아름다운 재단'의 윤정숙 상임이사는 "최근 부쩍 사회 지도층의 기부 관련 문의가 늘고 있다"면서 "기부가 존경받는 부자의 대표덕목이라는 인식이 확산된 증거"라고 해석했다. 윤 이사에 따르면 기부에 관심을 갖는 부유층은 30대~50대 초반에 집중돼 있다고 한다. 그는 "고소득 전문직 종사자나 창업에 성공한 30, 40대 가운데 '존경받는 기업인이 되고 싶다'면서 찾아오는 사람들이 많다. 젊은 층이 많은 관심을 갖는 것으로 봐서 조만간 기부 문화가 확실하게 자리매김할 것 같다"고 말했다.

대부분의 존경받는 부자들은 자식에게 부를 물려주는 대신 정신을 물려줘야 한다고 말한다. 인터뷰에 응한 한 기업인은 "기업은 개인소유가 아니라 직원들의 것, 나아가 사회의 것"이라면서 "부 역시 사회에서 얻은 것인 만큼 필요 이상의 것은 사회에 환원해야 한다"고 말했다.

세계 2위의 갑부 워런 버핏은 재산의 85%를 자선단체에 기부하겠다고 하면서 "내가 무엇을 해야 할지 알고 있으며, 사회 환원은 의미 있는 일"이라고 말했다. 한국의 워런 버핏이 1000명, 1만 명, 그보다 더 많이 나오는 세상을 기대해 본다.

01 이것은 무엇에 대한 기사입니까?

❶ 미국의 기부 문화 현상
❷ 상류층의 기부 문화 확산
❸ 기업의 자선 활동과 기부
❹ 기업의 역할과 사회 기여

02 존경받는 부자들은 어떤 사람입니까? 그들은 '부'에 대해 어떤 생각을 가지고 있습니까?

부쩍 덕목 자리매김하다 환원하다 갑부 자선단체

03 다음은 부유층의 기부 사례입니다. 빈칸을 채우고 이야기해 봅시다.

만화가 허영만(60) 화백은 2004년부터 꾸준히 노숙자들을 돕고 있다. 등산을 좋아하는 허 화백은 2004년 킬리만자로 등반길에서 혹한에 떨다가 노숙자들을 떠올렸다고 한다. "오리털 방한복을 껴입었는데도 춥더라고요. 추위에 고생할 고국의 노숙자들이 생각나 위성 전화로 한국에 연락해 방한용 매트리스를 전달해 달라고 했지요."

명품 브랜드인 성주 그룹 김성주(51) 회장. 그는 지난 8월 "전 재산을 북한 돕기에 헌납하겠다는 내용의 유언장을 써 놨다"고 밝혔다. 김 회장은 "투명하고 정직하게 번 돈을 사회에 환원하는 것을 원칙으로 하고 있다"고 덧붙였다. 그는 기업 이윤의 10%를 사회사업을 위해 쓴 공로로 '뉴욕 아시안 아메리칸 연맹'이 발표하는 '2007 뛰어난 아시아인'에 선정되기도 했다.

가수 김장훈(40) 씨는 '연예인 기부왕'이라고 할 만하다. 자신은 보증금 5000만 원짜리 월세집에 살면서 지난 9년간 30억 원을 기부했다. 신용 카드도 없고 통장 잔고도 '0'이 될 때가 많다. 수입이 들어오면 곧바로 기부할 곳으로 빠져나가기 때문이다. "미리 기부할 곳을 정해놓고 거기에 맞춰 공연 일정을 잡습니다." 일종의 '거꾸로 가는 가계부'가 기부의 비결인 셈이다.

기부자	기부 내용
만화가 허영만	
성주 그룹 김성주 회장	
가수 김장훈	

1) 인터넷이나 신문 등에서 여러 가지 기부 사례를 찾아 소개해 봅시다.

2) 여러분이 만약 성공한 상류층이라면 어떤 방식으로 사회에 환원하겠습니까? 구체적인 방법과 대상을 정해 이야기해 봅시다.

04 봉사 활동과 기부에 대한 표어를 보기와 같이 만들어 봅시다.

[보기] 함께 나누는 세상, 우리의 밝은 미래
사랑, 나눌수록 풍성해집니다.
아름다운 작은 손길이 하나 둘 모여 큰 힘이 됩니다

혹한 방한복 헌납하다 공로 잔고

과제 2 읽고 의견 말하기

01 다음 설문 조사에 답해 봅시다.

1. 자원봉사 활동에 참여한 적이 있습니까?

2. 사회 복지 단체나 개인(경조사비 제외)에게 기부한 적이 있습니까?

3. 있다면 기부한 연간 금액은 얼마입니까? 기부 횟수는 몇 번입니까?

4. 지하철, 은행, 마트 계산대 등에 비치된 모금함이나 재활용 기부함에 기부한 적이 있습니까?

5. 자선 가게, 바자에서 물건을 산 적이 있습니까?

6. 기부를 하시는 이유는 무엇입니까? (중요도에 따라 차례로 순서를 쓰십시오)

   ① 동정심 ( ) ② 나눔을 실천하는 가족의 전통과 문화 ( )
   ③ 사회에 대한 책임감 ( ) ④ 개인적인 행복감, 종교적 신념 ( )
   ⑤ 기타 ( )(쓰십시오)

7. 기부를 안 하시는 이유는 무엇입니까?

   ① 기부에 대해 관심이 없어서 ( ) ② 소득 감소 등 현재 경제적 여유가 없어서 ( )
   ③ 요청을 받은 적이 없어서 ( ) ④ 어디에 어떻게 기부하는지 몰라서 ( )
   ⑤ 기부 대상자, 기부를 요청한 기관을 믿을 수 없어서 ( )
   ⑥ 기타 ( )(쓰십시오)

8. 기부하신 경우 어디에 기부를 했습니까?

9. 기부금이 필요하다고 생각하는 순서대로 번호를 쓰십시오.

   ① 빈곤 가구 지원 ( ) ② 아동 복지 지원 ( )
   ③ 장애인 복지 지원 ( ) ④ 노인 복지 지원 ( )
   ⑤ 재난 · 재해 등 긴급 구호 활동 지원 ( ) ⑥ 환경 및 동물 보호 ( )
   ⑦ 교육 및 연구 활동 지원 ( )
   ⑧ 기타( )(쓰십시오)

경조사비 자선 바자 동정심

02 이 설문 조사에 답한 한국인의 평균 결과입니다. 여러분의 결과와 어떻게 다릅니까? 비교해서 이야기해 봅시다.

번호	한국인의 평균 결과
1	네 명 중 한 명
2	열 명 중 일곱 명
3	연간 10만 원, 연평균 1.5회
4	열 명 중 네 명
5	열 명 중 세 명
6	동정심 (60.2%), 나눔을 실천하는 가족의 전통과 문화 (41.9%) 사회에 대한 책임감 (40.1%), 개인적인 행복감, 종교적 신념 (16.8%)
7	기부에 대해 관심이 없어서 (24.6%), 소득 감소 등 현재 경제적 여유가 없어서 (19.0%) 요청을 받은 적이 없어서 (13.3%), 기부 대상자 · 기부를 요청한 기관을 믿을 수 없어서 (8.9%), 어디에 어떻게 기부하는지 몰라서 (8.3%)
8	사회 복지 단체 (43.3%), 언론사 (25.6%), 종교단체 (25.1%), 직장 (13.5%), 대상자에게 직접 줬다 (12.2%)
9	아동 복지 지원(55.5%), 빈곤 가구 지원 (45.8%), 노인복지 지원(43.6%), 장애인 복지 지원 (43.3%), 재난 · 재해 등 긴급 구호 활동 지원 (40.8%), 교육 및 연구 활동 지원 (6.3%), 환경 및 동물 보호 (4.4%) 〈기타 : 선교(3.1%), 문화 및 예술 분야 지원(2.6%), 해외 구호 활동 지원 (1.9%), 국내 외국인 근로자 지원(0.9%), 정당 및 정치 단체 지원 (0.6%), 북한 동포 지원(0.6%)〉

03 9번에서 여러분 나라의 경우라면 어떤 순서가 좋을 지 이야기해 봅시다. 왜 그 순서로 사용하는 게 좋은지 여러분의 의견을 말해 보십시오.

02 세계 속의 나

학습 목표 ● **과제** 국제 봉사의 방법에 대해 발표하기, 바람직한 세계화의 실천 방안에 대해 글쓰기
● **문법** –을 통해, –음으로써 ● **어휘** 국제기구와 그 활동

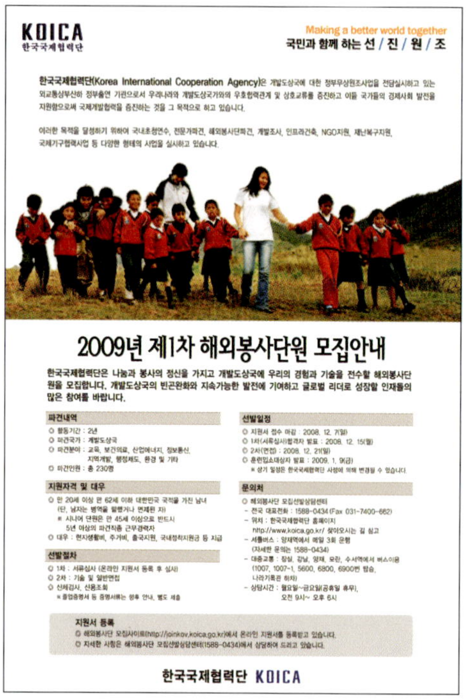

어떤 국제 봉사활동에 참여하고 싶습니까?

천원의 행복 / 천원이면? 아이스크림 하나, 1회 버스요금, 노트 한권, 커피 한잔

하지만, 전세계 63억명의 인구중 **12억명의 하루 생활비..**
당신의 관심이 **지구반대편 어린이의 하루**가 됩니다!!

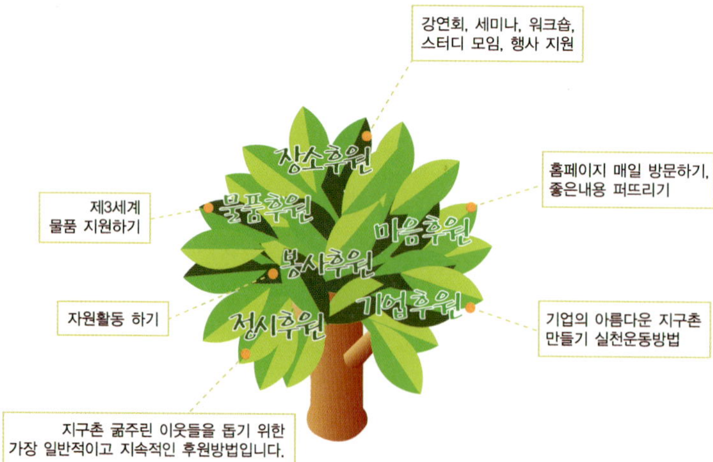

어떤 후원을 하고 싶습니까?

대화

CD2:25~26

리에 영수 씨, 뭘 그렇게 열심히 들여다보고 계세요?

영수 국외에 파견하는 봉사 인력 모집에 관한 안내문을 읽고 있던 참이었어요. 한국과 세계 여러 국가 간의 우호 협력 증진을 목적으로 설립된 단체에서 국외로 다양한 분야의 인력을 파견한다고 하네요.

리에 영수 씨, 졸업하고 취직을 하는 줄 알았는데 외국에 나갈 계획이세요?

영수 네, 얼마 전에 방송된 다큐멘터리를 통해 국제 난민 구호 활동을 하는 젊은이들이 많다는 걸 알게 됐거든요. 취직을 일이 년 미루더라도 젊었을 때 뭔가 뜻있는 일을 해야겠더라고요. 그래서 요즘 이것저것 알아보고 있어요. 국외로 나가면 견문도 넓힐 수 있을 것 같고요.

리에 정말 좋은 생각이네요. 하긴 요즘은 세계가 점점 좁아져서 지구촌이란 말이 진짜 실감나요. 그런데 어느 나라에 가고 싶으세요?

영수 제가 도움이 될 수 있는 곳이라면 어디든지 상관없습니다. 봉사를 함으로써 남을 도울 수 있고 저도 배우면서 성장할 수 있을 것 같아요.

01 두 사람은 무엇에 대해 이야기하고 있습니까?

❶ 영수의 졸업 후 계획　　❷ 리에의 취직 계획

❸ 국제단체의 활동　　❹ 다큐멘터리 프로그램

02 영수가 취직을 미룬 이유를 쓰십시오.

03 위 대화에 대해서 보기와 같이 이야기를 해 봅시다.

[보기] 가 : 영수 씨가 읽고 있는 것은 뭐예요?
나 : 국제 봉사 인력 모집에 관한 안내문이에요.

우호　협력　증진　설립　견문

어휘 국제기구와 그 활동

01 다음 표현을 익히고 빈칸에 알맞은 말을 골라 쓰십시오.

산하 기구 NGO(비정부 조직) NPO(비영리 단체) 민간 단체	유니세프(유엔 아동 기금) 코이카(한국 국제 협력단) 적십자사 국경 없는 의사회 굿네이버스(국제 구호 단체)	재해, 재난, 난민, 빈민, 기아 식량, 의료, 보건, 위생, 사회 복지, 교육 봉사, 구호, 구조, 지원, 후원, 협력

1) 다음은 어떤 단체를 말하는 것인지 알아봅시다.

( ): 본부를 제네바에 둔 국제적인 민간 조직 기구로 전시에는 부상자를 구호하고, 평상시에는 재해, 질병의 구조와 예방 따위를 목적으로 함.

( ): 국제의료 봉사 단체로 1968년 비아프라 기아 구제 활동에 참가했던 의사들이 중심이 되어 1971년에 결성함. 전쟁이나 자연 재해를 입은 곳, 난민 캠프 등에서 구조 활동을 하며 유럽 연합과 유엔으로부터 지원금, 기부금 등을 받아 운영함. 제3회 서울 평화상과 1999년 노벨 평화상을 받음.

( ): 국제 구호 NGO 단체로 1991년 한국에서 시작되어서 UN 경제 사회 이사회로부터 NGO 최상위 지위를 부여받은 비영리 단체임. 국내외에서 주로 결식아동과 저소득층 아동을 위해서 복지 사업을 펼치고 있음.

2) 국제적으로 봉사 활동을 펴는 기구나 단체는 의외로 많다. 유니세프나 코이카와 같이 널리 알려진 국제기구나 정부의 ( )도 있고 민간인들이 모여 결성한 ( )도 있다. 비정부성을 강조하는 ( )은/는 사회적 연대와 공공목적을 실현하기 위해 자발적으로 조직된 시민 단체이다. NGO는 대부분 이익 추구가 목적이 아닌 ( )으로서/로서 세계 곳곳에서 인권, 평등, 보건, 사회복지, 교육, 환경 등 다양한 분야에서 활동하고 있다.

02 위 어휘를 사용해 보기와 같이 개인이나 단체의 봉사 또는 후원 활동에 대해 이야기해 봅시다.

[보기] 유니세프는 어린이를 돕는 유엔 산하 기구로 1946년 설립된 이래 전 세계의 어린이를 위하여 영양, 보건, 식수 공급 및 위생, 기초교육, 긴급 구호 등의 사업을 펼쳐왔다. 여배우 오드리 헵번은 1988-1992 유니세프의 친선 대사로 활동한 바 있고 현재 한국에서는 안성기, 박완서, 정명화, 앙드레김이 친선 대사로 활동하고 있다.

문법

01 다음 글을 읽고 문법 및 표현을 익혀 봅시다.

2004년 12월 지진해일(쓰나미)이 남아시아 일대를 덮쳤을 당시, 인도네시아에서 어학연수 중이던 김형근 씨는 쓰나미를 피해 황급히 귀국하였다. 그러나 귀국 후 **뉴스를 통해** 본 현지 소식은 예상보다 심각하였다. 고민 끝에 한국으로 온 지 열흘 만에 김 씨는 다시 인도네시아 행 비행기에 올랐다. 한국에서 파견된 의료진 10명과 현지인들 간의 통역을 담당하고 의료 활동을 돕느라 눈코 뜰 새 없이 바쁘게 3주를 보낸 후 김 씨는 자원봉사에 눈을 떴다. 김씨는 "쓰나미 현장에서 세상이 뒤집어지는 경험을 했지만 위험을 무릅쓰고라도 나 자신이 가진 걸 **나눔으로써** 사람의 도리를 다 할 수 있어서 기쁘다"고 말했다.

-을 통해

1) 다음을 연결하고 보기와 같이 이야기해 봅시다.

최근에 방송된 다큐멘터리 프로그램 •	• 여러분들은 여행의 즐거움과 봉사의 보람을 동시에 느낄 수 있을 겁니다
봉사 활동을 포함한 이번 해외여행 •	• 그 사실이 전 세계로 전해졌다
타인을 위한 봉사 활동 •	• 기아와 식량난에 허덕이는 지구촌 빈민들의 모습이 생생하게 알려졌다
인터넷에 뜬 동영상 •	• 나 자신이 얻는 것이 더 많다
국가 대표 선수들은 혹독한 훈련 •	• 강인한 정신력과 체력을 키운다

[보기] 최근에 방송된 다큐멘터리 프로그램을 통해 기아와 식량난에 허덕이는 지구촌 빈민들의 모습이 생생하게 알려졌다.

–음으로써

2) 빈 곳을 채우고 보기와 같이 이야기해 봅시다.

- 한 달에 단 돈 만원을 후원함으로써 10명의 아이들을 기아에서 구해낼 수 있다고 한다.
- 낙후된 지역에 도서 보내기 운동을 벌임으로써 ______________.
- 각자 맡은 일에 최선을 다함으로써 ______________.
- ______________ 세대 차이를 좁힐 수 있다.
- ______________ 미궁에 빠진 그 사건을 해결할 수 있었다.

[보기] 한 달에 단 돈 만원을 후원함으로써 10명의 아이들을 기아에서 구해낼 수 있다고 한다.

02 다음 표를 채우고 '–을 통해', '–음으로써'를 사용해 보기와 같이 이야기해 봅시다.

매체 또는 계기	알게 된 문제점	해결 방법
TV 뉴스	한국기업의 노사 간 갈등이 심각하다	회사의 발전을 먼저 생각하고 양측이 대화를 하여 조금씩 양보해야 한다
농촌에서 온 친구	다문화 가정의 자녀 교육 문제가 심각하다	
신문 사회면 기사	청소년 흡연이 늘고 있다	
국제봉사 단체의 홈페이지		

[보기] 며칠 전 TV뉴스를 통해 한국기업의 노사 간 갈등이 심각하다는 소식을 들었습니다. 제 생각에는 회사의 발전을 먼저 생각하고 양측이 대화를 하여 조금씩 양보함으로써 노사 간의 갈등은 해결될 수 있다고 봅니다.

과제 1 듣고 말하기 [CD2:27]

다음을 듣고 질문에 답하십시오.

01 이 사람은 어떤 사람입니까? 누구에게 왜 이런 말을 하는 걸까요?

누가	
누구에게	
왜	

02 다음 빈칸을 채워 봅시다.

지역	아이들의 병	방법	비용
열대지방		링거 한 병	
	저체온증		2천원

03 이 사람은 어떤 마음으로 남을 도와야 한다고 합니까?

04 여러분은 다음 중 어느 프로그램을 후원하시겠습니까? 그 이유는 무엇입니까?

- 아이들을 위한 희망의 도서관을 지어주세요~!
- 필요금액 : $500

상주하는 외국어 교사가 거의 없는 상황에서 학생들이 혼자의 힘으로 학습할 수 있는...

> 현재모금액 10 $
> 자세히 보기 ▸

- 고아원어린이들에게 화장실을 지어줍시나!
- 필요금액 : $700

어린이들이 특유의 순수성을잃지 않고 그들의 밝음 그대로 살아가는 것은 단순히 선전...

> 현재모금액 $
> 자세히 보기 ▸

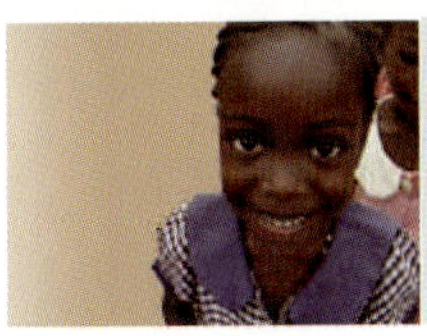

- 장애 어린이들에게 안전한 놀이시설을 선물해주세요!
- 필요금액 : $810

수도인 다레살람 근교에 위치해 있는 마투마이니 초등학교는 장애 아동...

> 현재모금액 $
> 자세히 보기 ▸

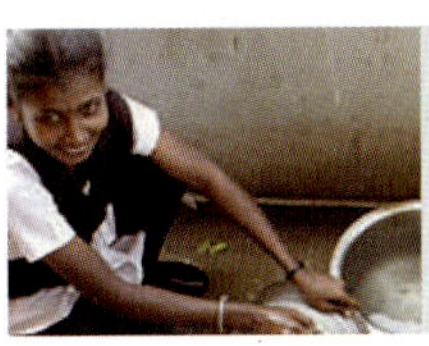

- 청소년들이 호텔리어의 꿈을 이룰 수 있도록 도와주세요~!
- 필요금액 : $700

현재 실습재료들이 갖추어질 않아 식음료 실습이 거의 중단된 상태...

> 현재모금액 $
> 자세히 보기 ▸

보건 복지부 저체온증 원조하다 전폭적이다 부채감 기껍다 오지 뻗어나가다

과제 2 읽고 쓰기

다음을 읽고 질문에 답하십시오.

1990년대 이후 빠르게 진행되고 있는 세계화는 인류의 삶을 급속도로 변화시키고 있다. 냉전 체제의 붕괴 이후 세계 경제의 개방과 통합, 인터넷 정보 통신망의 발달 등은 전 세계를 단일 생활권으로 변화시켰다. 이러한 변화로 인해 전통적인 삶의 방식이 무너지고 새로운 생활 양식과 사고방식이 나타났다.

50년 전만 해도 더불어 살 수 있는 공간은 '촌락'이었으며 그 공간이 아무리 넓어도 한 '국가'를 넘기는 어려웠다. 그러나 오늘날에는 지구촌이라는 개념이 등장하면서, 많은 사회적 관계들이 '국가'를 넘어서 존재하게 된다. 이러한 상황 속에서 국가와 민족의 개념은 차츰 퇴색되고 다국적 기업, 국제기구, 국제 협약 등의 초국가권력이 힘을 얻어 세계를 주도해가는 탈 국가 현상이 가속화될 수도 있다.

어떤 이들은 국경 없는 세계에서 인간이 평등, 자유, 평화, 번영을 누리며 살 수 있을 것이라고 낙관한다. 그러나 사실상 사람들은 나이, 성, 사회적 계층, 국적, 인종, 종교 등이 다르기 때문에 세계화의 과정에서 불공평한 상황에 처할 수밖에 없다. 가난은 세계 여러 지역에 여전히 만연하고 강대국과 약소국의 빈부 격차도 전혀 줄어들 기미를 보이지 않고 있다. 인간이 초래한 환경 악화는 그 어느 때보다도 극심하고 지금도 세계 도처에서 분쟁은 발생한다. 세계화를 낙관적이고 희망적인 메시지로만 간주하는 것은 큰 오산이다.

세계화란 피부색, 문화, 사고방식, 언어가 서로 다른 사람들이 평화롭게 공존하는 것을 의미하는 것이다. 그러기 위해서는 세계화의 방향이 '자본주의적 경쟁 논리의 세계화'에서 '세계인의 공존을 지향하는 세계화'로 바뀌어야 할 것이다. 즉 '약육강식의 세계화'가 아니라 '더불어 살기 위한 세계화'를 위해 노력해야 한다. 이 때 가장 중요한 것은 '상생의 정신', '나눔의 정신'을 기르는 것이다. 이는 지구촌에서 살아가는 세계인이 가져야 할 시대적 사명이자 책임 의식이기도 하다.

01 이 글의 중심 생각은 무엇입니까?

❶ 탈 국가 현상이 가속화되고 있다.
❷ 세계화는 불공평하게 이루어지고 있다.
❸ 세계화는 더불어 사는 사회를 지향해야 한다.
❹ 세계화를 위해 언어와 문화가 통합되어야 한다.

냉전체제　촌락　퇴색되다　국제 협약　만연하다　기미　초래하다　오산　공존　약육강식

02 세계를 단일 생활권으로 변화시킨 것은 무엇입니까?

03 사람들이 세계화의 과정에서 불공평한 상황에 처하는 이유는 무엇입니까?

04 세계화의 방향이 어떻게 바뀌어야 한다고 합니까?

	→	

05 여러분은 21세기 세계의 모습이 어떨 것이라고 생각합니까? 바람직한 세계화를 이루기 위해서 실천해야 하는 구체적 방안을 세 가지 이상 써 봅시다.

03 정리해 봅시다

I. 어휘

단체	대상	방법
아동 보호 시설 보육원 입양 단체 양로원 장애인 시설 쉼터 무료 진료소 재단	저소득층 자녀 결식아동 소년 소녀 가장 독거 노인 영세민 장애인 노숙자 이주 노동자 결혼 이민 여성	기부 후원 교육 봉사 의료 봉사 물품 기증 무료 급식 헌혈, 장기 기증 노력 봉사 수재 의연금 십시일반

01 위 표에서 각각 어휘를 하나씩 골라 다음과 같이 문장을 만드십시오.

1)

무료 진료소	영세민	의료 봉사

우리 학교 의대생들은 방학 때 무료 진료소에서 영세민들을 위해 의료 봉사를 할 계획이다.

2)

재단	결식 아동	무료 급식

.

3)

장애인 시설	장애인	

.

4)

쉼터		

.

5)

	결혼 이민 여성	

.

6)

		기부

.

02 빈칸에 알맞은 말을 골라 쓰십시오.

구호	위생	기아	증진	설립	견문	재해	복지

적십자사는 오랜 역사를 자랑하는 국제 민간 구호 단체로 전쟁 발생 시에는 상병자들을 (　　　　)하며 평상시에는 (　　　　), 질병을 구조하고 예방하는 일을 한다. 이슬람권에서는 적신월사라고도 한다. 그 외에 많은 국제기구들이 (　　　　)에 시달리는 빈민들에게 식량을 원조하고 열악한 환경에 처한 이들의 보건과 (　　　　)을/를 위한 의료 사업을 펼치며 그들의 교육과 (　　　　)을/를 위해 힘쓰고 있다.
한국은 1990년대 이후 세계 여러 지역 국가와의 우호 협력 (　　　　)을/를 위해 정부 산하기구를 (　　　　)하여 국제 봉사 활동 무대에 나서 수많은 인력을 모집하여 국외로 파견해오고 있다. 이들은 국외에 나가 봉사 활동을 펴고 아울러 넓은 세상 속에서(　　　　)도 넓힘으로써 세계화 시대의 세계 시민으로서 성장하고 있다.

II. 문법

01 알맞은 문법을 골라 상황에 맞게 대화를 완성해 보십시오.

-을 통해	-음으로써	-다시피 하다	-이라도 -을까 보다

상황

영수는 요즘 봉사 활동을 하기 위해서 양로원에 매우 자주 간다. 할아버지는 자신보다 어려운 처지에 놓인 사람을 조금씩 도와서 살 맛나는 세상을 만들 수 있다고 생각하신다. 영수 친구가 봉사 활동을 하면서 오히려 자신이 얻는 게 많다고 하자 할아버지는 이제부터 작은 것이지만 뭔가 보람 있는 일을 하려고 하신다.

할아버지 : 영수 요즘 뭐 하냐? 통 얼굴을 볼 수 없구나.

영수 친구 : 영수는 방학만 되면 무의탁 노인들을 위해 봉사 활동을 하느라고 ______________________________.

할아버지 : 그래? 놀라운 사실인걸. 영수가 자기 계발에 열심인 줄은 알았지만 그런 기특한 일까지 하고 있는 줄은 몰랐네. 요즘 젊은이답지 않군 그래. 좋은 일이지. 많은 사람들이 ______________________________ 이 세상이 더불어 사는 살 맛나는 세상이 될 수 있을 테니까.

영수 친구 : 저도 얼마 전부터 장애인 시설에서 자원봉사를 하고 있는데요. ______________________________ 오히려 제가 얻는 게 더 많더라고요.

할아버지 : 그런 말을 들으니 나이 든 내가 참 부끄럽구먼. 나도 이제부터 ____________________ 이라도/라도 ____________________.

02 다음 문장에서 틀린 곳을 찾아 바르게 고치십시오.

1) 문제 해결을 통해 타협과 절충을 할 수 있다.

____

2) 신기술을 개발했음으로써 제품의 경쟁력을 높일 수 있었다.

____

3) 남편이 실직해서 형편이 어려운데 부업이라도 할까 말까 봐요.

____

4) 어린 아이가 거짓말을 그렇게 밥 먹는다시피 하다니, 버릇이 나쁘게 들었구나.

____

III. 과제 [CD2:28]

02 다음을 듣고 질문에 답하십시오.

01 '찾아 쓰는 자원봉사 마일리지 제도'란 어떤 제도입니까?

02 어디에서 이 제도를 실시하고 있습니까? 그 반응은 어떻습니까?

03 들은 내용에 따라 빈칸을 채우십시오.

	봉사 활동	가족 관계	혜택
장순자 할머니		혼자 거주	음식을 도움 받음
전진석 할아버지	760시간의 자원봉사		

04 '찾아 쓰는 자원봉사 마일리지'의 종류에는 어떤 것들이 있습니까?

05 여러분은 이 제도에 대해서 어떻게 생각합니까?

문화

진정한 부자 – 경주 최 부잣집

조선조의 명문가 기준은 돈이 아니었다. 대개 그 집안에 학문이 있는가, 덕행이 어떤가, 벼슬은 어느 정도 했는가, 나라가 위기에 처했을 때 보여준 충절은 어떠했는가를 따졌다. 이러한 기준 때문에 부잣집이면서 동시에 명문가에 해당하는 집안을 발견하기가 쉽지 않다.

한국에선 조선 시대 최고 부자였던 '경주 최 부잣집'이 노블레스 오블리주의 전형으로 꼽힌다. 이 집안이 1600년대부터 1900년대까지 300년 동안 9대의 진사(進士)와 12대의 만석꾼을 배출한 데는 비결이 있었다.

최 부잣집에는 대대로 내려오는 가훈과 몇 가지 원칙이 있다.

첫째, 진사 이상의 벼슬은 하지 말라.
이는 정쟁에 휘말리지 않고 양반 신분을 유지하기 위한 최소한의 자격 요건이 진사라고 생각했기 때문이다.

둘째, 만석 이상을 모으지 말라.
최 부잣집은 만석 이상 불가 원칙에 따라 재산을 사회에 환원했다. 환원 방식은 소작료를 낮추는 것이었다.

셋째, 과객을 후하게 대접하라.
어느 정도 후하게 대접했는지 보자. 최 부잣집의 1년 소작 수입은 쌀 3천 석 정도였는데 이 가운데 1천 석은 가용으로 쓰고, 1천 석은 과객 접대하는 데 사용하였고, 나머지 1천 석은 주변 지역의 어려운 사람을 도와주는 데 썼다고 한다.

넷째, 흉년에는 논을 사지 말라.
부자에게는 흉년이야말로 없는 사람의 논을 헐값으로 사들여서 재산을 늘릴 수 있는 절호의 기회였다. 그러나 최 부자는 이는 양반이 할 처신이 아니요, 가진 사람이 해서는 안 될 행동으로 보았다.

다음, 사방 100리 안에 굶어 죽는 사람이 없게 하라는 조항도 같은 맥락이다. 주변에서 굶어 죽고 있는 상황에서 나 혼자 만석이면 무슨 의미가 있느냐, 이는 부자의 도리가 아니라고 생각했던 것이다.

최 부잣집의 만석 재산은 대대로 내려오던 선산까지 포함하여 현재의 영남대학에 모두 들어가 있다. 해방 이후에 대학 세우는 데 전 재산을 모두 쓴 셈이다.

* 노블레스 오블리주 : 높은 사회적 신분에 상응하는 도덕적 의무를 뜻하는 말.

1. 한국의 노블레스 오블리주의 전형은 어떤 것입니까?

2. 여러분 나라의 경우는 어떻습니까?

문법 설명

01 -다시피하다

실제로 그 동작을 하는 것은 아니지만 그 동작에 가깝게 함을 나타낸다.

- 내 단짝 친구와 나는 늘 붙어 다니며 같이 살다시피 했다.
- 언제나 일에 쫓겨 점심은 거의 굶다시피 한다.
- 엄마는 직장일로 늘 바빴기 때문에 할머니가 나를 키우다시피 하셨다.
- 친구의 머리핀이 너무 예뻐서 빼앗다시피 해서 얻어 왔다.

02 -을/ㄹ까 보다

아직 확실히 결정한 것은 아니나 그 행동을 할 마음이나 생각이 있음을 나타낸다.

- 아이가 생기면 직장을 그만둘까 봐요.
- 여기서 지낼 만큼 지냈으니 이제 떠날까 봐요.
- 임금 인상 문제에 대해서는 더 이상 거론하지 말까 봐요.
- 이번 사업 자금은 주택 담보 대출로 은행에서 빌릴까 봐요.

03 -을/를 통해

'그것을 수단으로 하여'의 뜻이나 '어떤 과정이나 경험을 거쳐'의 뜻으로 쓴다.

- 여행사를 통해 항공권을 예매하고 숙박 시설도 예약하였다.
- 인터넷을 통해 많은 사람들이 빠르게 정보를 공유할 수 있게 되었다.
- 국제 교류를 통해 세계는 점점 더 좁아지고 있다.
- 젊은 시절 거듭되는 실패와 좌절을 통해 그는 점점 더 강인한 인간으로 성장할 수 있었다.

04 –음으로써/ㅁ으로써

'–으로써/로써'는 어떤 행위의 도구나 수단, 방법임을 나타내고 어떤 물건의 재료나 원료가 됨을 나타내기도 하는 조사이다. 동사의 어간 뒤에 '–음/ㅁ'이 붙어 명사형을 만들어서 '–음으로써/ㅁ으로써' 형으로 자주 사용된다.

- 국민들이 다 같이 땀 흘려 일함으로써 경제 발전을 이룩하였다.
- 이번 선거에서는 젊은 세대가 적극적으로 참여함으로써 선거의 판도가 바뀌었다.
- 자기 적성에 맞는 직업에 종사함으로써 자기의 소질을 살려 자아실현도 이루고 이 사회에도 보탬이 될 수 있다.
- 대중교통수단을 이용함으로써 교통비도 절감하고 환경 보호에도 앞장서도록 합시다.

듣기 지문

듣기 지문

6과 1항 과제 2

오늘은 한국, 미국, 일본, 세 나라의 드라마에 나타나는 특성에 대해서 이야기해 보겠습니다.

한국 드라마의 배경에는 '가족'과 '불치병'이 있습니다. 이는 뿌리를 중시하는 한국인의 의식이 반영된 것으로 한국 드라마는 가족 간 갈등을 푸는 것만으로도 이야기 전개가 될 수 있습니다. 한국 드라마에 단골로 등장하는 '불치병'은 한국의 사회상과 연관된다고 할 수 있습니다. 경쟁이 치열해질수록 위안을 받고 싶은 심리가 작용하여 순수한 사랑을 더욱 추구합니다. 현실에서는 이룰 수 없는 사랑을 완성시키기 위해 누군가를 죽게 만드는 것입니다. 그리고 한국 시청자는 감정적인 장면과 대사에서 받는 풍부하고 강렬한 느낌을 좋아하는 듯싶습니다.

그런데 미국 드라마에서는 갑자기 살인사건이나 폭력사건이 일어나고 주인공은 이유도 모른 채 용의자가 됩니다. 이런 '재난'은 왜 일어날까요? 다른 정체성을 가진 민족들이 공감할 수 있는 소재가 필요한데 일반인에게 급작스럽게 들이닥친 재난이 바로 그것입니다. 범죄는 남의 이야기가 아닌 나한테도 일어날 수 있는 일상적 재난이고 행복은 이로 인해 파괴될 수 있다는 것을 말하고 있습니다. 올해 미국 시청자 대상 조사 결과에 의하면 이러한 재난이 해결되는 장면을 보는 것이 가장 만족스럽다고 답했습니다.

일본 드라마는 직장에서의 성장을 다룬 드라마가 많습니다. 일본 드라마의 주인공은 자신의 힘으로 문제를 해결하는 미국식 히어로가 아니고 직장 동료들의 도움을 통해 성장합니다. 한국 드라마의 '불치병'이나 미국 드라마의 '재난'에 해당되는 일본 드라마의 특별한 설정은 주인공의 '특이함'인데요. 자기 마음을 다른 사람이 읽어 버리는 주인공이나, 햇빛을 보면 쓰러지는 주인공, 청소하기를 싫어하는 피아노 천재 등 특이한 주인공이 다른 사람들과 잘 어울려 지내는 과정은 조직에서 소외되길 원하지 않는 일본인들의 정서를 반영한다고도 할 수 있겠습니다. 이렇게 조직 내 충돌을 원하지 않기 때문에 일본 드라마는 인물 간 감정 대립이 크지 않으며 잔잔한 일상을 다룬 장면을 선호합니다.

6과 2항 과제 2

다음 그림을 함께 봅시다. 이 그림은 단원 김홍도가 200여 년 전에 그린 그림인데요. 공책만한 작은 그림입니다. 오른쪽 위에서 왼쪽 아래로 보라고 말씀드렸지요? 이 그림에 등장하는 사람이 모두 스물 두 명인데, 우선 여기 오른편 위쪽 ㈎ 부분의 중년 사나이를 보세요. 입을 헤 벌리고 씨름 구경을 하고 있습니다. 재밌으니까 윗몸이 앞으로 쏠렸지요? 그러다 보니 자연스럽게 두 손이 땅에 닿았습니다. 그 옆에 있는 총각은? 아니, 상투를 틀었군요! 총각이 아닙니다. 수염도 안 난 걸 보면 요즘으로 치면 고등학교 1학년이나 2학년 밖에 안 되어 보이지만 장가를 갔어요. 그런데 팔베개를 하고 누웠습니다. 아니, 씨름판에 오자마자 팔베개를 하고 눕는 사람이 있겠습니까? 아, 이거 씨름판이 한참 진행돼서 이제 거의 끝날 때가 다 됐나 보다 하고 생각할 수 있습니다. 재미는 있지만 몸이 힘들어서 누운 거지요. 시간이 꽤 지났음을 보여줍니다.

자, 그럼 이제 ㈏ 부분에 있는 씨름꾼들을 보죠. 눈부터 바라보니 역시 당사자들의 눈이라 제일 심각해 보입니다. 특히 뒷사람은 눈이 아주 동그래져서 두 눈썹 사이에는 깊은 주름까지 잡혀 있지 않습니까? 앞사람을 보세요. 어금니는 악물었고 광대뼈는 툭 튀어나와 가지고 이번에는 반드시 넘어뜨리고 말겠다는 각오가 대단해 보이지요? 뒷사람이 틀림없이 졌습니다. 앞사람을 보십시오! 두 발을 땅에 굳게 디디고 서서 상대를 들어 올리려고 애쓰는 모습이나 꽉 다문 입술에서 젖 먹던 힘까지 다하는 모습이 뚜렷하게 보입니다. 앞사람은 두 다리가 모두 튼튼하게 땅에 붙어 있는데, 지는 쪽은 한 발이 들리고 다른 한쪽마저 들리려는 순간입니다. 그 오른손이 바나나 같이 길게 그려졌군요. 화가 실력이 부족해 그렇게 그렸을까요? 아니지요, 이 손마저 빠져나가고 있다는 것을 보여주려는 것입니다.

그런데 뒷사람은 왼쪽으로 넘어질까요? 오른쪽으로 넘어질까요? 잘 살펴보시면 알 수 있습니다. 한번 맞춰 보십시오! 제 생각엔 아무래도 오른쪽으로 넘어질 것 같은데요. 그걸 어떻게 알 수 있는가 하면, 오른쪽 아래를 보세요. 구경꾼들이 턱을 치켜들고 눈은 쭉 찢어진 채 입을 떡 벌리고, '어억~' 하는 소리를 내면서 상체가 뒤로 물러나며 또 손으론 땅을 짚었지 않습니까? 우리는 그림 바깥에 있고 이 사람들은 그림 속에서 직접 씨름을 구경하고 있으니까, 아무래도 구경꾼들이 우리보다는 더 잘 알겠죠? 분명 오른쪽으로 넘어집니다. 유도나 씨름에서 한 쪽이 다른 쪽을 어느 한편으로 넘어뜨리려고 할 때 그 상대가 그리로 그렇게 쉽게 넘어가 주지는 않죠. 반대편으로 안 넘어가려고 죽을 힘을 다 하 게 됩니다. 그러니까 그 아슬아슬한 순간에 탁, 하고 반대편으로 넘어뜨려서 한 판 경기가 끝나게 되는 겁니다. 화가는 바로 그 순간을 놓치지 않고 이렇게 기막힌 그림을 그려 냈습니다.

듣기 지문

7과 1항 과제 2

사회자　안녕하십니까? 연세방송의 김춘추 기잡니다. 우리 한국 사회의 특징을 흔히 '가족주의' 라고 이야기할 만큼 가족은 한국 사람에게 중요합니다. 그렇지만 지난 한 달 동안 실시된 설문 조사의 결과는 한국인들 스스로가 가족에 대해 예전과 다른 인식을 가지고 있다는 사실을 보여주고 있습니다. 오늘 이 자리에서는 '가족의 변화' 에 대해 윤주현 교수님을 모시고 이야기를 나누어 보도록 하겠습니다. 안녕하십니까?

윤교수　안녕하십니까?

사회자　최근 '가족의 변화' 가 이슈가 되고 있는데요, 윤 교수님은 이러한 변화를 어떻게 보십니까?

윤교수　최근의 흐름을 볼 때 우리에게 가족은 더 이상 안정적인 조직이라고 할 수 없을 것 같아요. 가치관의 변화에 따라 가족의 성격이 변화되기 시작한 것으로 보아야 할 겁니다. 가족의 1차적 의미가 '제도' 보다는 '관계' 로 변하고 있는 것이 아닌가 하는 생각이 듭니다.

사회자　가족에 대한 가치관이 변하기 시작했다는 말씀이시군요. 결혼 기피나 저출산, 이혼 증가 등 최근의 변화를 '가족의 위기' 라고 말하는 사람도 있습니다만...

윤교수　우리가 '가족의 위기' 라고 부르는 현상은 전 세계적인 추세입니다. 동거나 무자녀 가구 같은 비전형적인 가족 형태가 늘어나고 있으니까요. 그런 변화에 대비한 사회적 준비가 안 되어 있기 때문에 '위기' 라고 하는 거지요.

사회자　준비가 안 되어 있다고 하셨습니다만, 최근 실시된 설문 조사의 결과를 보면 시민 들의 의식도 상당히 달라지고 있는데요. 동거나 공동체 가족까지도 수용하는 걸 보면…

윤교수　그렇지요. 시민들은 이런 변화를 담담하게 받아들이고 있습니다. 이것은 시민들의 의식 변화, 특히 여성들의 의식 변화에 의한 것이라고 봅니다. 성(性)에 대한 욕구 변화도 부부 간, 부모 자식 간의 관계 변화에 큰 영향을 주고 있지요.

사회자　그렇군요. 그럼 교수님, 이러한 가족의 변화는 어떤 방향으로 흘러갈 것으로 보십니까?

윤교수　저는 혈연 중심의 집단적 가치보다 한 개인의 인간적 권리가 더욱 중요하게 여겨 지는 시대로 변하면서 미래의 가족은 결국 개개인의 네트워크 형태가 될 거라고 봅니다.

사회자　그렇다면 결국 가족은 해체된다는 건가요?

윤교수　가족의 완전한 해체는 가능하지도 않고, 바람직하지도 않다고 봅니다. '진화된 형태' 의 가족이 새로 생성되는 것이지요. 다양한 형태로 분화되는 것은 필연적이고요.

사회자　해체가 아닌 진화된 가족 혹은 분화된 가족으로 바뀔 거라는 말씀이시군요. 사회가 변화하고 가치관도 변화함에 따라 우리 사회의 가족의 형태도 다양해질 것 같습니다. 이러한 변화에 대한 사회적 준비와 정책적인 대비가 필요할 것으로 생각됩니다.

7과 2항 과제 1

최근에는 신랑 신부가 동시에 입장하는 결혼식을 자주 볼 수 있습니다. 이에 조금 더 의미를 부여해 양가 부모님이 두 분씩 차례로 입장한 다음 신랑 신부가 입장하는 것도 색다른 이벤트가 될 수 있겠습니다. 하객들에게 양가 부모님을 정식으로 소개하고 결혼식에 참석해주신 것에 대해 감사하는 의미도 될 수 있습니다. 이러한 색다른 입장은 다정하고 화목한 부모님들의 뒤를 이어 더 잘 살겠다는 뜻을 담는 것으로도 의미를 부여할 수 있을 것입니다.

다음으로 요즘 결혼식에서는 신랑 신부가 서로에 대한 사랑의 마음을 담아 쓴 편지를 읽는 이벤트도 볼 수 있습니다. 주례 말씀 외에 각자가 결혼에 임하는 태도나 서로에게 어떤 존재가 되겠다는 '진실한 마음'을 편지에 담아 전하도록 합니다. 연애하면서 느꼈던 생각들, 서로에게 어떤 남편과 아내가 될 것이고 어떤 며느리와 사위가 될 것인지를 하객들 앞에서 다짐하는 것은 서로에게 개인적으로 편지를 전하는 것보다 훨씬 특별한 맹세가 될 수 있고, 결혼식 후에도 그 편지는 영원한 사랑의 증표가 될 수 있다고 합니다. 결혼 생활에 임하는 자세를 정리해 '결혼 생활에 대한 생활 수칙' 같은 것을 낭독하는 것도 하객들에게 색다른 재미를 줄 수 있겠지요?

하객 측에서도 색다른 이벤트를 준비할 수 있을 겁니다. 신랑 신부의 하객들 중 한 명이 주례 단상에 나와 축하 메시지를 전하는 것입니다. 이것으로 주례를 대신하는 것도 괜찮을 듯싶습니다. 나이도, 성별도, 지위도 상관없이 신랑 신부에게 가장 애틋한 마음을 갖고 있는 하객들 중 한 명이 편지 형식으로 축하 메시지를 전합니다. 하객들은 지루한 주례사를 듣지 않아도 돼서 좋고 신랑 신부는 하객들이 갖는 기대와 축하를 다시 한 번 되새길 수 있어서 뜻 깊은 순서가 될 수 있습니다.

듣기 지문

8과 1항 과제 2

학교나 가정의 체벌이 아동이나 청소년에게 어떤 교육적 효과가 있을까요? 심리학, 교육학 등 여러 분야의 연구를 보면 체벌은 부정적인 영향이 더 크다고 합니다. 체벌은 교사나 부모에 대한 반발심이나 적개심을 유발하고 인격적인 모욕을 느끼게 할 수 있다고 합니다. 또한 체벌은 다른 사람을 통제하기 위해서는 폭력을 사용해도 된다고 생각하게 만들 수 있으며, 정서 발달에 부정적인 영향을 미칠 수 있고, 우울, 소외, 알코올 남용, 자살 등의 가능성을 높인다고 합니다.

그러나 부모가 애정을 가지고 일관성 있게 훈육을 하는 가정에서는 체벌이 있더라도 자녀가 비행이나 문제 행동을 일으키지 않고 오히려 긍정적인 교육 효과가 있다는 연구보고도 있습니다. 이는 체벌 자체보다는 애정과 믿음을 바탕으로 한 상호 관계가 더 중요함을 보여주는 것입니다.

이러한 연구 결과는 최근 학교 현장에서 논란이 되고 있는 교사의 체벌에 대해 시사하는 바가 큽니다. 체벌을 당하는 학생들의 대부분은 교사가 자기에게 애정과 관심을 가지고 자신을 올바르게 교육시키기 위해 체벌을 했다고 생각하지 않습니다. 왜 우리 학생들은 교사를 이렇게밖에 보지 않을까요? 이는 학생들의 잘못만이 아닙니다. 학부모가 자녀들 앞에서 교사에 대해 어떻게 이야기하고 행동했는지, 우리 사회가 교사들을 어떻게 생각하고 대했는지, 그리고 교사들은 학생들에게 어떤 마음과 자세로 임했는지에 대해 우리 모두 깊은 고민과 반성을 해야 합니다.

교사와 학생 그리고 학부모 간에 신뢰가 없는 교육 환경에서는 제대로 교육이 이루어지기 어렵지요. 따라서 체벌에 대한 논의보다도 교사, 학생 그리고 학부모 간에 애정과 신뢰를 회복하는 것이 더 시급합니다. 또한 교사는 자긍심을 갖고 학생들에게 애정과 관심을 보인다면 체벌의 존폐에 대한 논의는 더 이상 필요 없을 것입니다.

9과 2항 과제 1

김규완 이치범 환경부 장관이 10대 그룹 CEO들을 만나 환경 정책에 관한 협력을 모색합니다. 환경부 장관이 10대 그룹 CEO와 협력에 나서는 것이 이번이 처음인 만큼 많은 국민들의 관심이 몰리고 있는데요. 이치범 환경부 장관을 연결해서 얘기 나눠보겠습니다. 이치범 장관님, 안녕하십니까?

이치범 네, 안녕하십니까?

김규완 우선, 앞서 말씀드린 10대 그룹 CEO와 협력을 모색하게 된 배경이 궁금한데요. 이번 협력으로 친환경 기업 경영과 환경 보존이라는 두 가지 목적을 다 이룰 생각을 하고 계신 것 같네요.

이치범 네, 오늘 환경부에서 10대그룹 핵심 CEO들을 초청해서 간담회를 개최할 예정입니다. 환경 정책에 있어서는 기업과 기업CEO가 주요한 고객입니다. 그래서 이들 고객과 만나서 환경 정책의 품질도 높이고 실행력을 높이고자 간담회를 개최했습니다. 사실 아직도 사회 일각에서는 환경과 경제가 서로 상충되는 개념으로 인식하는 경향이 있죠. 실제로 외국의 예나 이런 것들을 보면 사실 지속 가능 발전이라는 큰 틀에서 보면 환경경영을 통해서 사회적 책임을 다하는 게 기업 경영에도 많은 도움이 된다는 것이 입증되고 있습니다. 그래서 이번 간담회를 계기로 해서 기업 경영과 환경 보존이 같이 상생의 길로 나갈 수 있는 방안을 모색해보고자 합니다.

김규완 알겠습니다. 올해 최악의 황사가 온다고 하죠?

이치범 네.

김규완 이와 관련해서 환경부가 황사 종합 대책을 마련해 놓은 것으로 알고 있는데... 아직 국무 회의에 상정을 못한 것 같아요. 그런데 지난주에도 상정을 하려다가 시간이 늦어져서 못했고 이번 주에도 못했다고 얘기를 들었는데... 이거 자꾸 황사 종합 대책이 자꾸 대통령에게 보고가 늦어지면 환경 정책 시행하는 과정에서 좀 차질이 있을 것 같은데... 어떻습니까?

듣기 지문

10과 2항 과제 1

“우리나라도 도울 사람 많은데 왜 외국까지 도와야 하나요?” 제가 지난 7년간 긴급구호를 하면서 가장 많이 받은 질문입니다. 물론 우리나라에도 도울 사람 많습니다. 그리고 그들을 먼저 돌봐야하는 건 당연한 일입니다. 이를 위해 정부 차원에서는 보건 복지부가, 민간 차원에서는 수백 개의 사회 복지 NGO가 열심히 일하고 있습니다. 제도와 조직의 사각지대에 있는 사람들이라도 우리끼리 힘을 합치면 얼마든지 도울 수 있습니다.

그러나 우리 도움이 필요한 나라 사람들은 천 원, 이천 원에 목숨이 왔다 갔다 합니다. 열대지방에서 설사병으로 죽어가는 아이는 천 원짜리 링거 한 병이면 살릴 수 있고, 지진으로 무너진 산간 지역 아이들은 2천 원짜리 담요 한 장이면 한겨울의 치명적인 저체온증을 막을 수 있습니다.

또한 이렇게 생각해보면 어떨까요? 1950년 한국 전쟁 직후부터 1990년까지 우리를 원조했던 나라에는 국내에 도울 사람이 한 명도 없어서 40년간이나 한국을 도왔을까요? 분명히 그 나라에도 왜 한국까지 돕느냐는 사람들이 많았을 것입니다. 그러나 우리가 전폭적인 해외원조를 받았으니 경제 규모 세계 10위권인 지금 그 은혜의 빚을 갚아야 한다고는 말하고 싶지 않습니다.

부채감이나 의무감으로 누구를 돕는다는 것은 슬픈 일이기 때문입니다. 우리 이웃이든 다른 나라든 남을 도울 때는 기껍고 즐거운 마음이어야 합니다. 나와 아무 상관없는 아이지만, 설사 같은 시시한 병으로 죽어 갈 때 그 아이를 꼭 살리고 싶다는 간절한 마음도 함께 가야한다고 생각합니다. 세계 오지 여행과 긴급 구호를 하면서 우리나라 사람들의 인정이 대단히 고품질이라는 것을 저는 확실히 알게 되었습니다. 이제 이 고품질 인정이 대한민국을 넘어서 전 세계로 뻗어나갔으면 좋겠습니다. 지금도 아주 잘 하고 있지만 말입니다.

10과 3항 과제

앵커(여) 자신이 남을 도와준 만큼 필요할 때 도움을 받을 수 있다면 얼마나 좋을까요? 인천에서는 지난해부터 '찾아 쓰는 자원봉사 마일리지 제도'가 실시되고 있는데 시민들의 반응이 뜨겁습니다. 김영수 기자의 보도입니다.

김영수 여기는 인천 시청 조리실입니다. 자원봉사 아주머니들의 음식 만드는 손길이 분주합니다. 독거노인들에게 가져다 줄 찌개와 생선 그리고 밑반찬들이 정성스럽게 만들어지고 있습니다. 봉사 단원이 음식을 들고 찾아간 곳은 81살 장순자 할머니 댁. 병원 봉사 활동과 환경 미화 등 200여 차례의 자원봉사를 하고 있는 할머니이지만 혼자 사는 탓에 정작 제대로 된 음식 해먹기가 쉽지 않습니다. 장순자 할머니를 만나보겠습니다.

장순자 "있는 것 대충 먹어야지, 끼니를 때워야지 그런 생각을 해도 이렇게 해주니까 얼마나 감사한지 몰라요."

김영수 인천시 연수동에 사시는 77살 전진석 할아버지는 지난달 쓰레기를 줍는 봉사 활동을 하다 돌에 걸려 넘어지는 바람에 대퇴골이 골절되는 중상을 입었습니다. 간병인을 둘 형편이 못돼 애를 태웠었는데 인천시의 찾아 쓰는 자원봉사 마일리지 제도로 한시름 놓게 됐습니다. 760시간에 달하는 자원봉사 마일리지 덕분에 자신이 봉사한 만큼 무료로 간병을 받을 수 있게 됐기 때문입니다. 전진석 할아버지를 만나봤습니다.

전진석 "너무 감격스러웠어요. 우리 안사람도 장애급수 2급이고, 딸도 자식 키우고 그래서 부모 자주 찾아올 수 없으니까…"

김영수 현재 인천시에 등록된 자원봉사자 수는 시 인구의 10%가 넘는 26만 명 수준. 인천시가 지난해 전국 최초로 '찾아 쓰는 자원봉사 마일리지 제도'를 시작하면서 시민들 사이에 자원봉사가 크게 번지고 있습니다. 찾아 쓰는 자원봉사 마일리지는 간병, 차량 지원, 도배, 집수리 등 그 종류도 다양합니다. 인천시는 주변에 어려운 사람이 있을 때 자신의 마일리지를 그 사람에게 나눠줄 수 있는 기부제까지 도입하고 있습니다. 인천시는 '찾아 쓰는 자원봉사 마일리지 제도'가 생활 속에서 누구나 쉽게 자원봉사를 할 수 있고 자신이 어려울 때 도움까지 받을 수 있는 제도임을 적극 홍보할 계획입니다. 이상 인천에서 김영수였습니다.

색인

- 문법 색인
- 어휘 색인

문법 색인

어휘 색인

ㅇ

지문 출처

과	항/문화	출 처
01	1	**[과제 1]** 한국인보다 한글 더 잘 쓰는 시민 기자 '데니스 하트' _2007-08-22, OhmyNews, "한국말 잘한다고요? 겨우 쥐꼬리만큼 합니다" 「뉴스 게릴라를 찾아서 18」 김귀현(kimkui), 일부 발췌
	문화	한국어의 호칭이나 경어법을 결정하는 요인 _장소원 외(2002), 「말의 세상, 세상의 말」, 도서 출판 월인, p.193-p.194
02	1	**[도입]** 직업 · 직장을 선택할 때 고려하는 기준_한국경제신문 2007년 1월 1일 **[어휘]** 적성, 성격, 가치관_진로 정보 센터, 경기도 교육정보연구원 www.kerinet.re.kr **[과제 1]** 가치관 유형과 직업_진학 진로 정보센터, 서울시 교육정보연구원
	2	**[과제 1]** 최근 들어 '나만 잘하는 형(型)' 보다 '더불어 일하는 형(型)' 이 주가 올라_김연주 기자 carol@chosun.com
	문화	직업 풍속도_박재환(2004), 일상생활 연구회, 한울 아카데미 p.220~p.221
03	1	**[과제 2]** _이기중 '술 문화를 통해 본 한국인의 일상과 일탈' 발췌 · 수정, 한국 문화 총서1, 한국 문화와 한국인, 국제 한국학회 저, 사계절 출판사, 1998
	2	**[도입]** 여가 활동 베스트 10_2007. 1. 7일 쿠키 뉴스 **[과제 1]** 여가 생활도 배워야 즐긴다... 경제 아닌 복지 차원 접근해야_2007.01.05, 서완석 편집 위원 wssuh@kmib.co.kr에서 발췌
04	2	**[과제 1]** 하늘 나는 차 2009년 나온다_아브네(이스라엘) 로이터=뉴시스 **[과제 1]** 듣기 스크립트: 냄새까지 전달하는 인터넷 나온다_정보 통신부 보도자료 참조 **[과제 2]** 2050년쯤이면 몸은 죽어도 정신은 영생?_신정선 기자
	문화	정보화 시대의 문자 - 한글 _문중양 교수의 우리 역사 과학 기행 p.170-p.174 발췌, 문중양 2006, 동아시아, 우리도 몰랐던 한국의 힘 p.158-p.160 발췌, 경향신문 특별 취재팀 2006, 한스미디어
05	1	**[과제 1]** _조선일보 2007. 3. 17에서 요약 발췌
	2	**[도입]** _데이터뉴스 2007년 7월 11일 **[과제 1]** _이학명 Economy21 기자 **[과제 2]** 서른두 번째 편지: 인생에서 가장 중요한 것은 돈이 아니야 _야마다 유(2006)의 「회계사 아빠가 딸에게 보내는 편지 32+1」에서 부분 발췌
	문화	개성상인_민병덕, '옛날에도 일요일이 있었나요? 에서 요약 발췌
06	2	**[과제 2]** 듣기 스크립트_오주석, 『오주석의 한국의 미(美) 특강』, 솔, 2003 p.34~p.51에서 발췌 가공
	3	**[과제]** 두 번째 지문_2002년 수능 시험
	문화	고려청자 _유홍준 문화재 청장의 특설 강좌 (1) 고려청자와 상감청자, 정리=최영창기자 ycchoi@munhwa.com 2004-11-04 에서 발췌 · 가공
08	2	**[과제 2]** _부산일보 2007. 09.29. 09:58
	문화	배움과 선비_국립국어연구원(2002), 우리 문화 길라잡이, 학고재 p.238-p.240
09	2	**[도입]** 위기에 빠진 세계의 주요 강_조선일보 2007년 3월 21일 A21면 **[과제 1]** 듣기 스크립트 _2007년 3월 15일 (목) CBS 뉴스레이다 1부 (FM98.1 MHz 매주 월~금 08:00~08:20 진행: 김규완 노컷뉴스 부장) (대담: 이치범 환경부 장관)
	문화	한국의 땅 - 한반도 _정창희, "한반도는 어떻게 형성됐나", 한국의 자연과 인간, 김정배 외(1997), 서울: 우리 교육, 63-69쪽, 경향신문 특별 취재팀 지음(2006), 우리도 몰랐던 한국의 힘, 서울: 한스 미디어
10	2	**[과제 1]** 듣기 스크립트_「TV칼럼」 나눔의 미학, SBS 8시 뉴스, 2007-08-27, 한비야
	문화	진정한 부자 - 경주 최 부잣집 _조용헌(2004), 5백년 내력의 명문가 이야기, 푸른 역사 42-50쪽